ANALYSE FINANCIÈRE

Dynamiques d'Entreprises
Collection dirigée par Michael Ballé

Lieu de travail et lieu de vie, l'entreprise est au cœur de la société. Pourtant, beaucoup de ses aspects restent mal connus. Les évolutions technologiques et sociales sont à la source de nombreuses mutations organisationnelles. Les professions continuent d'évoluer en se divisant toujours davantage sur un plus grand nombre de spécialités. Les frontières elles-mêmes des entreprises s'estompent alors que les modes de travail se redéfinissent. Les entreprises deviennent des objets d'étude à multiples facettes dont les dynamiques sont de plus en plus complexes et souvent surprenantes.

Au-delà des grandes lignes des logiques de " management " d'une part et des théories sociologiques de l'autre, nombre de ces facettes restent dans l'ombre : dimensions ignorées, métiers méconnus ou dynamiques contre-intuitives. La collection *Dynamiques d'Entreprises* a pour vocation de diffuser les études réalisées sur ces points d'ombre, souvent techniques, de la nature des entreprises. Allant au-delà des " essais de management ", la collection regroupe des textes de recherche ou d'expérience sur le terrain qui éclairent les nombreux aspects ignorés des entreprises modernes.

Dernières parutions

Vincent LEGLAIVE, *Communication et coaching : vers le Coach'municant©. Nouveaux outils, compétences et missions du communicant des organisations*, 2023.

François Xavier LANGI SOGENA, *Environnement de l'entreprise*, 2023.

Didier BOUVELLE, *Le nouveau défi des managers stratèges. Comment relier durablement performance stratégique, performance opérationnelle et dimension humaine*, 2023.

Jacques DESCAMPS, *Entreprendre, notre raison d'être*, 2023.

Eli Caleb TRAORÉ, *La fabrique des recruteurs*, 2023.

Akpa Samuel YEDAGNE, *Le portrait d'un leader exceptionnel, Un leadership spécial pour un meneur atypique*, 2023.

Marie SAGGIO, *Comment redonner du sens au travail ? Apports de la psychologie positive*, 2023.

Patrick CALMELS, *Le luxe à l'avant-garde des transformations digitales. Champion du Web 2.0, pionnier du Web 3.0,* 2023.

Laurence PERRIN, *Le Leadership Bienveillant®, une posture, des outils ! Comment devenir un manager moderne aux méthodes efficaces ?* 2023.

Ibrahima FALL, *L'entreprise contre la connaissance du travail réel ? "L'humain d'abord" ou le syndrome du sacrifié en premier*, 2023.

Claude ROUSSILLON SOYER, *Rémunération et plaisir au travail. Repenser le management de la rémunération pour développer le plaisir au travail,* 2023.

Jean-Noël Cottier

ANALYSE FINANCIÈRE

Guide de lecture des comptes annuels

L'Harmattan

Du même auteur

L'investissement en immobilier d'entreprise – Un métier – Revenus locatifs directs et produits de placement, L'Harmattan, coll. « Villes et Entreprises », 2022.

5-7, rue de l'Ecole-Polytechnique, 75005 Paris

http://www.editions-harmattan.fr

ISBN : 978-2-336-42790-4
EAN : 9782336427904

À Alix, son cousin Roman
et leurs parents

Sommaire

INTRODUCTION

Toute personne physique ou morale exerçant une activité économique doit établir, à la clôture de chaque exercice, des comptes annuels, se composant d'un bilan, d'un compte de résultat et d'une annexe, qui forment un tout indissociable.

Ces comptes sont établis dans l'intérêt de l'entreprise elle-même (faire le point sur sa situation et ses activités) ainsi que pour des raisons fiscales (servir de base de calcul à l'impôt sur les bénéfices), économiques (permettre aux différents partenaires de l'entreprise de vérifier sa solvabilité) ou encore financières (à destination des investisseurs).

Analyser les comptes de l'entreprise, c'est reclasser les données qu'ils contiennent de façon à faire apparaître des regroupements ou des soldes permettant de mieux appréhender la situation de l'entreprise, ses performances, sa solvabilité et sa rentabilité.

La solvabilité de l'entreprise réside dans sa capacité à faire face à ses engagements, notamment son passif à court terme. Mesurer la rentabilité d'une entreprise consiste à analyser un résultat en le rapprochant des moyens mis en œuvre.

Réalisée à partir des valeurs comptables, qui ne sont pas modifiées, l'analyse financière se distingue de l'évaluation financière, qui a pour finalité de déterminer la valeur de marché de l'entreprise, en recherchant notamment les plus-values potentielles non incluses dans les comptes.

Toutes les sociétés, y compris les sociétés cotées, doivent établir leurs comptes annuels en respectant les dispositions du Code de commerce (C. com.) et celles du Plan comptable général (PCG) édicté par l'Autorité des normes comptables (ANC).

Le règlement ANC n° 2014-03 du 5 juin 2014 (ANC, 2014) a été modifié par le règlement ANC n° 2022-06 du 4 novembre 2022 (ANC, 2022), applicable aux exercices ouverts à compter du 1er janvier 2025. Le nouveau règlement modifie la définition des éléments exceptionnels et supprime la technique des comptes de transfert de charges. Lorsque ces notions seront abordées, nous examinerons à la fois les règles actuelles et les règles issues du nouveau règlement.

Le greffe du tribunal de commerce, auprès de qui les sociétés en nom collectif, les sociétés à responsabilité limitée et les sociétés par actions sont tenues de déposer leurs comptes annuels, est la principale source d'information de l'analyste financier. Toutefois, les sociétés répondant à la définition des microentreprises, c'est-à-dire ne dépassant pas deux des trois seuils suivants, 350 000 euros de total de bilan, 700 000 euros de chiffre d'affaires et dix salariés, peuvent déclarer que leurs comptes ne seront pas rendus publics. Les petites entreprises, c'est-à-dire celles qui ne dépassent pas deux des trois seuils suivants, six millions d'euros de total de bilan, douze millions d'euros de chiffre d'affaires et 50 salariés, peuvent demander que leur compte de résultat ne soit pas rendu public (articles L232-21 à L232-25 et D123-200, C. com.).

Bilan et compte de résultat font l'objet de formulaires fiscaux (n° 2050 à n° 2053) téléchargeables sur le site des impôts.

Ce livre est conçu comme un guide de lecture. Il reprend, tout d'abord, les différentes rubriques des documents fiscaux, en les expliquant ligne par ligne. Il procède, ensuite, à leur reclassement, ce qui permet d'établir le bilan et le compte de résultat sous une forme facilitant leur analyse financière. Il présente, enfin, les ratios, qui mesurent l'évolution de l'entreprise d'un exercice à l'autre, ou comparent sa situation et ses performances à celles de ses concurrents.

Cet ouvrage se compose donc de quatre parties, consacrées respectivement aux comptes annuels, au bilan financier, au compte de résultat financier et enfin aux ratios.

PREMIÈRE PARTIE
LES COMPTES ANNUELS

Les comptes annuels sont établis à la clôture de chaque exercice. Ils sont précédés d'un inventaire ayant pour but de contrôler l'existence et la valeur des éléments actifs et passifs. Ils reflètent le solde des différents comptes ayant enregistré les opérations de l'exercice au fur et à mesure de leur réalisation.

Cette première partie comporte un chapitre unique, consacré au bilan et au compte de résultat du PCG (chapitre 1er).

CHAPITRE 1er
LE BILAN ET LE COMPTE DE RÉSULTAT DU PCG

L'analyse financière s'effectuant à partir de données comptables non modifiées, il est important de savoir comment celles-ci sont établies. La section 1 est donc consacrée aux principes comptables. Nous présentons ensuite le bilan (section 2) et le compte de résultat (section 3). La section 4 est consacrée à la relation entre le bilan et le compte de résultat. La section 5 fournit, à titre d'information, un aperçu des modalités d'enregistrement des données en comptabilité.

SECTION 1 – Les principes comptables

Les règles et méthodes applicables sont définies dans le Code de commerce (articles L123-12 à L123-28-2) et précisées dans le PCG. Les comptes annuels doivent être réguliers, sincères et donner une image fidèle du patrimoine, de la situation financière et du résultat de l'entreprise à la date de leur établissement. Nous notons en outre les principes suivants :

- *Comparabilité et continuité d'activité* : les comptes annuels permettent d'effectuer des comparaisons périodiques et d'apprécier l'évolution de l'entreprise dans une perspective de continuité d'activité.
- *Indépendance des exercices* : l'image que donnent les comptes annuels du patrimoine, de la situation financière et du résultat de l'entreprise à la date de leur établissement ne résulte que des opérations de l'exercice, à l'exclusion de celles se rattachant à l'exercice suivant. En revanche, il est tenu compte des produits et des charges des exercices précédents qui, par erreur ou omission, n'auraient pas été enregistrés en comptabilité.
- *Permanence des méthodes* : celles-ci ne peuvent être modifiées d'un exercice à l'autre, sauf dans des cas exceptionnels.
- *Comptabilisation au coût historique* : les biens conservent pendant toute leur durée de présence dans l'entreprise la valeur qu'ils avaient à leur entrée. Cette valeur d'entrée, appelée valeur brute, ne fait l'objet d'aucune révision pour tenir compte de l'inflation. Elle est constituée pour les biens acquis à titre onéreux, par le coût d'acquisition, pour les biens acquis à titre gratuit, par la valeur vénale, et pour les biens produits par l'entreprise, par le coût de production. Les pertes de valeur, que subissent les éléments d'actif par rapport à leur valeur d'entrée, sont constatées par des amortissements ou des provisions. L'actif du bilan fait apparaître séparément la valeur brute

des biens, les amortissements et provisions dont ils font l'objet et la valeur nette qui en résulte.

- *Principe de non-compensation* : aucune compensation ne peut être opérée, au bilan, entre les postes d'actif et de passif ou, au compte de résultat, entre les postes de charges et de produits.
- *Prudence* : même en l'absence ou insuffisance du bénéfice, il doit être procédé aux amortissements et provisions nécessaires. Seuls les bénéfices réalisés à la date de clôture d'un exercice peuvent être inscrits dans les comptes annuels. La plus-value potentielle constatée entre la valeur d'inventaire d'un bien et sa valeur d'entrée n'est pas comptabilisée. Elle ne le sera qu'au moment de sa réalisation effective, lors de la sortie du bien de l'actif de l'entreprise. En revanche, les moins-values potentielles (« latentes ») sont comptabilisées, que la dépréciation soit définitive ou non (article L123-18, alinéas 2 et 3, articles L123-20 et L123-21).

SECTION 2 - Le bilan

Ce document est une photographie du patrimoine de l'entreprise à la date à laquelle il est établi (généralement, le 31 décembre). Nous examinerons tout d'abord les règles d'établissement du bilan comptable (paragraphe 1) puis nous verrons pourquoi il est nécessaire de le réorganiser (paragraphe 2).

1. Les règles d'établissement du bilan comptable

Selon l'article L123-13 du Code de commerce, « le bilan décrit séparément les éléments actifs et passifs de l'entreprise, et fait apparaître, de façon distincte les capitaux propres ». Hormis certains postes de nature fiscale (réserves réglementées, subvention d'investissement et provisions réglementées), les capitaux propres représentent l'argent que les actionnaires ont apporté à l'entreprise (le capital social et les primes liées au capital) ainsi que la fraction des bénéfices qu'ils ont laissée à sa disposition (les réserves).

Le bilan se présente schématiquement ainsi :

Tableau 1.1. – Bilan comptable schématique

Actif (ce que l'entreprise possède)	**Passif (ce que l'entreprise doit)** (note 1)
Capital souscrit non appelé (I)	**Capitaux propres (I)**
	Capital social
Actif immobilisé (II)	Primes liées au capital
Immobilisations incorporelles	Réserves
Immobilisations corporelles	Réserves réglementées
Immobilisations financières	Report à nouveau
	Résultat de l'exercice
Actif circulant et charges constatées d'avance (III)	Subventions d'investissement
	Provisions réglementées
Actif circulant	
Stocks	**Autres fonds propres (II)**
Avances et acomptes versés sur commandes	
Créances	**Provisions pour risques et charges (III)**
Divers (valeurs mobilières de placement et disponibilités)	
	Dettes et produits constatés d'avance (IV)
Comptes de régularisation	Emprunts
Charges constatées d'avance	Dettes bancaires
	Dettes fournisseurs
Frais d'émission d'emprunt à étaler **(IV)**	Dettes fiscales et sociales
Primes de remboursement des obligations **(V)**	Dettes sur immobilisations
	Compte de régularisation
	Produits constatés d'avance
Écarts de conversion - actif **(VI)**	Écarts de conversion - passif **(V)**
Total général (I à VI)	**Total général (I à V)**

Note 1 : Il est possible de dire aussi « tout ce qui sert à financer l'actif ».

Pour la déclaration fiscale annuelle, les entreprises doivent utiliser les formulaires n°s 2050 (actif) et 2051 (passif).

À l'actif, trois colonnes sont prévues pour l'exercice dont nous établissons le bilan, appelé exercice N : montants bruts, amortissements et provisions, montants nets. Comme nous l'avons vu, la valeur brute est la valeur d'entrée du bien dans le patrimoine de l'entreprise. Les amortissements et provisions, qui se cumulent d'exercice en exercice, traduisent la valeur que les actifs concernés ont perdue par rapport à leur valeur d'entrée ; cette perte de valeur est considérée comme irréversible dans le cas d'amortissements, non encore définitive dans le cas de provisions. La valeur nette correspond à la valeur brute diminuée des amortissements et provisions. Le passif ne comprend qu'une seule colonne.

Dans le modèle du PCG, tant à l'actif qu'au passif, une colonne supplémentaire rappelle les chiffres de l'exercice précédent (N−1). À l'actif, il s'agit des valeurs nettes.

L'existence de tout actif repose sur une source de financement au passif. Un bilan est donc équilibré : le total de l'actif égale le total du passif. C'est sur la base du montant net des postes d'actif que cet équilibre s'établit. Les différents postes sont classés selon leur destination (actif immobilisé, actif circulant) ou leur provenance (capitaux propres, dettes).

2. Pourquoi réorganiser le bilan ?

Le bilan comptable est le reflet d'une vision patrimoniale de l'entreprise. Les créanciers sont rassurés par des capitaux propres positifs, qui sont le signe que la société possédait, à la clôture de son dernier exercice, des actifs supérieurs au montant de ses dettes.

Néanmoins, l'entreprise se caractérisant par une continuité d'exploitation, cette vision patrimoniale, réalisée à un instant donné, se révèle insuffisante. Il convient de réorganiser le bilan selon des critères économiques et financiers, dans un format uniforme qui permette son analyse et la comparaison entre entreprises.

Prenons quelques exemples.

La réglementation autorise les entreprises à inscrire des coûts à l'actif de leur bilan, de façon à les amortir sur plusieurs exercices, bien qu'elles ne puissent en attendre aucun avantage économique futur. C'est le cas, par exemple, des primes de remboursement des obligations. Dans le cadre d'une analyse financière, les actifs de cette nature seront considérés comme des non-valeurs.

Le bilan ne reflète pas la totalité des immobilisations utilisées par l'entreprise pour l'exercice de ses activités. N'y sont inscrites que celles dont l'entreprise est propriétaire. Les contrats de crédit-bail ne sont mentionnés qu'en engagements hors bilan. De façon à permettre la comparaison entre entreprises, l'analyse financière intègre les immobilisations prises en crédit-bail dans l'actif du bilan.

Un concept fondamental de l'analyse financière est le *besoin en fonds de roulement* (BFR), c'est-à-dire la différence entre les besoins de financement liés à l'exploitation (stocks, crédit accordé aux clients) et les ressources que celle-ci dégage (crédit accordé par les fournisseurs). Du fait du principe de non-compensation entre les postes d'actif et de passif, le BFR n'apparaît pas dans le bilan comptable. Dans le bilan financier, ce sont les différents postes servant à le calculer qui n'apparaissent plus. Le BFR figure à l'actif s'il est positif (le total des stocks et créances clients est supérieur à celui des dettes fournisseurs), ou au passif s'il est négatif (dans le cas contraire).

Les postes du bilan comptable sont souvent présentés comme étant classés par ordre de liquidité croissante à l'actif, et par ordre d'exigibilité croissante au passif. En réalité, ce système de classement n'est pas intégralement respecté. Certains postes mélangent le court terme (à moins d'un an) et le long terme (à plus d'un an). La ventilation précise n'est fournie que dans l'annexe comptable. Dans le contexte d'une analyse financière, où la relation entre liquidité et exigibilité est fondamentale, ces postes font l'objet d'un reclassement.

Liquidité et exigibilité : la liquidité d'un actif est sa capacité à se transformer, plus ou moins rapidement, en monnaie, sans perdre de sa valeur. Quant à l'exigibilité d'une dette, celle-ci se définit comme la plus ou moins grande proximité de son échéance de remboursement. Degré de liquidité et degré d'exigibilité doivent coïncider. Notamment, l'entreprise doit disposer d'actifs très liquides de façon à pouvoir honorer ses passifs à exigibilité immédiate. Un actif vendu en catastrophe risque de perdre de sa valeur. De leur côté, lorsqu'elles sont financées par recours à l'emprunt, les immobilisations qui resteront durablement dans l'entreprise doivent faire l'objet de crédits à long terme. La durée de l'emprunt doit être alignée autant que possible sur la durée d'utilisation des immobilisations par l'entreprise, sans la dépasser. Le montant à rembourser lors des échéances périodiques doit être compatible avec les flux de trésorerie que l'utilisation du bien procurera à l'entreprise.

SECTION 3 - Le compte de résultat

Ce document détaille la manière dont s'est formé le résultat de l'exercice figurant au bilan. Nous examinerons tout d'abord sa présentation dans le PCG (paragraphe 1), puis nous verrons qu'il est nécessaire de le réorganiser (paragraphe 2).

1. Le compte de résultat du PCG

Les produits et les charges de l'exercice sont classés par nature : opérations d'exploitation, opérations financières, opérations exceptionnelles. Cette présentation permet de faire apparaître des résultats intermédiaires : résultat d'exploitation, résultat financier, résultat courant avant impôt (addition des résultats d'exploitation et financier) et résultat exceptionnel. La différence entre la totalité des produits et la totalité des charges (toutes natures d'opérations confondues), après déduction de la participation des salariés et de l'impôt sur les bénéfices, donne le résultat net, soit le bénéfice ou la perte de l'exercice.

Le compte de résultat PCG se présente schématiquement ainsi :

Tableau 1.2. – Compte de résultat PCG schématique

Rubriques	Résultats intermédiaires
Vente de marchandises	
+ Production vendue (biens et services)	
Total	Chiffre d'affaires

Chiffre d'affaires	
+ Autres postes de produits d'exploitation	
– Charges d'exploitation (note 1)	
Total	Résultat d'exploitation (REX)

Opérations en commun	
+ Bénéfice attribué ou perte transférée	
– Perte supportée ou bénéfice transféré	
= Solde des opérations en commun.	

+ Produits financiers	
– Charges financières (note 1)	
Total	Résultat financier

Résultat d'exploitation (REX)	
+ Solde des opérations en commun	
+ Résultat financier	
Total	Résultat courant avant impôt

+ Produits exceptionnels	
– Charges exceptionnelles (note 1)	
Total	Résultat exceptionnel

Résultat courant avant impôt	
+ Résultat exceptionnel	
– Participation des salariés	
– Impôt sur les bénéfices	
Total	Résultat net (bénéfice ou perte)

Pour la déclaration fiscale annuelle, les contribuables doivent utiliser les formulaires n°s 2052 et 2053. Le modèle du PCG comprend, outre la colonne prévue pour les chiffres de l'exercice N, le rappel des chiffres de l'exercice N−1 (articles 821-4, 822-4 et 823-2 du PCG).

Note 1 : Parmi les charges de toutes natures, d'exploitation, financières ou exceptionnelles, figurent les dotations aux amortissements et provisions. Ce sont des charges calculées, sans incidence monétaire. Elles traduisent la perte de valeur des actifs, mais n'impliquent aucune sortie d'argent. Parallèlement, leurs reprises (réduction ou annulation) sont des produits ne correspondant à aucune rentrée d'argent. Le montant d'amortissement ou de provision, pratiqué au titre d'un exercice, fait l'objet d'une écriture de dotation dans le compte de résultat, qui a pour contrepartie l'inscription du même montant au bilan dans le compte d'actif concerné, en diminution de la valeur de cet actif (comme nous l'avons vu dans la section 2, paragraphe 1).

2. Pourquoi réorganiser le compte de résultat ?

Alors que les différents postes de produits et de charges d'exploitation y figurent individuellement, le modèle du PCG calcule directement le résultat d'exploitation par différence entre le total des produits et le total des charges d'exploitation. Cette présentation ne permet pas d'appréhender la manière dont le résultat d'exploitation s'est formé. L'analyse financière recourt donc à des soldes intermédiaires : marge commerciale, production de l'exercice, valeur ajoutée, valeur ajoutée aux coûts des facteurs, excédent brut d'exploitation (EBE).

Après l'exploitation, le compte de résultat financier adopte la même présentation que le modèle du PCG : résultat financier, résultat courant avant impôt, résultat exceptionnel, impôt sur les bénéfices, résultat net de l'exercice (bénéfice ou perte). Toutefois, la participation des salariés n'apparaît pas à la fin du compte de résultat comme dans le modèle du PCG. Son montant est ajouté aux charges de personnel, déduites lors du calcul de l'EBE.

Cette ventilation différente n'a pas d'incidence sur le résultat net qui reste bien entendu inchangé. En revanche, compte tenu des reclassements auxquels procède l'analyse financière, les résultats intermédiaires du PCG, tels que le résultat d'exploitation ou le résultat financier, peuvent se trouver modifiés.

Excédent brut global : cet indicateur utilisé par la Banque de France (BdF, 2017 et 2022a) élargit la notion de résultat final, en ajoutant au résultat net les charges (impôt sur les bénéfices et participation des salariés) qui ne sont pas supportées par l'entreprise dans l'exercice de ses activités, mais calculées sur le résultat global de ces activités.

L'excédent brut global est l'addition du résultat courant avant impôt et du résultat exceptionnel. Lorsqu'il est positif, il sert de base au calcul de l'impôt sur les bénéfices et de la participation des salariés. Le solde donne le résultat net, appartenant aux actionnaires.

SECTION 4 – Relation entre le bilan et le compte de résultat

La différence entre le total des produits et le total des charges du compte de résultat est portée au compte « 120 – Résultat de l'exercice (bénéfice) » ou au compte « 129 – Résultat de l'exercice (perte) » qui sont des comptes de bilan. En effet, il existe une identité entre la variation des capitaux propres au bilan, due à l'activité de l'entreprise entre le début et la fin de l'exercice, et la différence entre les produits et les charges de l'exercice figurant au compte de résultat (cf. PCG article 513-1).

Nous illustrons cette relation par l'exemple Ludo. Le 2 janvier de l'année N, Monsieur Ludo, qui dispose d'une somme de 100 000 euros, décide d'ouvrir un commerce de jouets. Quelques jours plus tard, il prend en location les murs d'une boutique moyennant un loyer trimestriel de 3 000 euros, et le versement d'un dépôt de garantie de 3 000 euros. Il acquiert par la suite un stock de jouets d'un montant de 45 000 euros, qu'il règle comptant. M. Ludo fixe le prix de vente des jouets à trois fois leur prix d'acquisition. Au cours de l'exercice N, les deux tiers du stock sont vendus, soit 30 000 euros en valeur d'achat et 90 000 euros en valeur de revente.

Nous supposons que M. Ludo, en qualité de micro-entrepreneur, ne facture pas de TVA sur ses ventes et ne peut pas déduire celle qu'il a acquittée sur ses achats.

Tableau 1.3 – Entreprise Ludo – Bilan d'ouverture – 2 janvier année N – (en euros)

ACTIF		**PASSIF**	
512 – Banque (note 1)	100 000	101 – Capital individuel	100 000
Total actif	100 000	Total passif	100 000

Note 1 : Le chiffre qui figure devant l'intitulé du compte est son numéro dans le PCG.

Tableau 1.4. – Entreprise Ludo – Compte de résultat – exercice N – (en euros)

PRODUITS	
707 – Ventes de marchandises	90 000
Total produits : 90 000	
CHARGES	
607 – Achats de marchandises (note 1)	45 000
603 – Variation des stocks de marchandises (note 1) (note 2)	– 15 000
613 – Locations	12 000
Total charges : 42 000	
Résultat net (total des produits – total des charges)	+48 000

Note 1 : Pour déterminer le résultat, les ventes de l'exercice sont comparées à leur coût d'achat, appelé coût d'achat des marchandises vendues (CAMV), égal au montant des achats de l'exercice corrigé de la variation de stocks entre le début de l'exercice et sa clôture, soit le stock initial moins le stock final. Cette notion sera explicitée au chapitre 6, section 1. Le stock de l'entreprise Ludo, inexistant en début d'exercice, s'élève à 15 000 à sa clôture. Sa variation (stock initial moins stock final) est donc négative de 15 000 (stockage). Cette variation négative réduit les charges de l'exercice.

Note 2 : Les montants négatifs figurent soit entre parenthèses, soit précédés du signe moins. Au lieu d'écrire –15 000, il était donc possible d'écrire (15 000).

Le 31 décembre de l'année N, le compte de résultat est soldé. Son résultat est porté au compte de bilan « 120 – Résultat de l'exercice (bénéfice) ».

Tableau 1.5. – Entreprise Ludo – Bilan – exercice N – (en euros)

ACTIF		PASSIF	
275 – Dépôts et cautionnements versés	3 000	101 – Capital individuel	100 000
371 – Stock de marchandises (note 1)	15 000	120 – Résultat de l'exercice (bénéfice)	48 000
512 – Banque (note 2)	130 000		
Total actif	148 000	Total passif	148 000

Note 1 : Les stocks détenus par l'entreprise sont un élément de son patrimoine. À la clôture de l'exercice, le stock final est donc porté au bilan. Il est valorisé au coût d'achat.

Note 2 : Ce montant s'explique de la façon suivante : 100 000 (somme apportée par M. Ludo à son entreprise), moins 3 000 (versement du dépôt de garantie), moins 45 000 (paiement des achats de marchandises), moins 12 000 (paiement des loyers), plus 90 000 (encaissement du prix des ventes de marchandises).

SECTION 5 – Enregistrement des données comptables

Lors de l'enregistrement de chaque opération, deux comptes sont mouvementés, l'un en « débit » et l'autre en « crédit ». C'est le principe de la partie double, qui est un moyen de contrôle. Sur l'ensemble des écritures comptables, le cumul des débits doit être égal au cumul des crédits.

L'emploi des termes débit et crédit résulte de conventions. Le débit désigne la partie gauche d'un compte, le crédit la partie droite. Au bilan, les comptes d'actif augmentent au débit et diminuent au crédit, les comptes de passif suivent la règle inverse. Dans le compte de résultat, les comptes de charges augmentent au débit et diminuent au crédit. Les comptes de produits fonctionnent en sens opposé.

Ces règles de fonctionnement sont décrites, compte par compte, dans le PCG (articles 941-10 à 948-89).

Prenons l'exemple Dugaumielle. Cette entreprise achète des marchandises pour 12 000 euros TTC, dont 2 000 euros de TVA, payables à 30 jours. Elle les revend 45 jours après l'achat pour

20 000 euros TTC, dont 4 000 euros de TVA. Son client règle à 30 jours.

Tableau 1.6. – Entreprise Dugaumielle – écritures comptables

Achat des marchandises	Débit	Crédit
607 – Achats de marchandises	10 000	
4456 – Taxes sur le chiffre d'affaires déductibles	2 000	
401 – Fournisseurs		12 000

Règlement du fournisseur (J +30)	Débit	Crédit
401 – Fournisseurs	12 000	
512 – Banques		12 000

Revente des marchandises (J +45)	Débit	Crédit
411 – Clients	20 000	
707 – Ventes de marchandises		16 000
4457 – Taxes sur le chiffre d'affaires collectées		4 000

Règlement du client (J +75)	Débit	Crédit
512 – Banques	20 000	
411 – Clients		20 000

Cumul des débits et des crédits (pour contrôle)	64 000	64 000

Cet exemple est purement illustratif. Dans cet ouvrage, nous ne recourons pas aux écritures comptables et nous n'utilisons pas la terminologie « débit », « crédit ».

DEUXIÈME PARTIE
LE BILAN FINANCIER

L'établissement du bilan financier s'effectue en deux temps. Tout d'abord, les différents postes d'actif et de passif du bilan comptable sont passés en revue, de façon à déterminer les retraitements dont ils doivent faire l'objet. Nous examinons les postes d'actif au chapitre 2 et les postes de passif au chapitre 3. Une fois ces retraitements effectués, le bilan est réorganisé de façon à permettre son analyse financière (chapitre 4). Dans le chapitre 5, nous étudions plusieurs exemples d'application.

CHAPITRE 2
L'EXAMEN DES POSTES D'ACTIF

Selon le règlement n° 2014-03, « un actif est un élément identifiable du patrimoine ayant une valeur économique positive [dont l'entreprise] attend des avantages économiques futurs » consistant dans « le potentiel qu'a cet actif de contribuer, directement ou indirectement, à des flux nets de trésorerie au bénéfice de [l'entreprise] » (articles 211-1 et 211-2).

Dans le cadre de l'analyse financière, certains postes d'actif seront considérés comme des « non-valeurs ». Leur montant doit être retranché de l'actif et, afin de respecter l'équilibre du bilan, également du passif. D'autres postes seront qualifiés d'actifs « hors exploitation » car ils ne concourent pas au chiffre d'affaires de l'entreprise. Toutefois, celle-ci doit, comme pour tout actif, trouver les ressources nécessaires pour les financer. Enfin, certains postes verront leur montant modifié, parfois à l'aide d'informations « hors bilan », présentes, non pas dans le bilan lui-même, mais dans l'annexe ou d'autres documents de la liasse fiscale.

Nous reprenons ci-après chacune des rubriques du formulaire fiscal n° 2050. Nous examinons donc successivement le capital souscrit non appelé (section 1), l'actif immobilisé (section 2), l'actif circulant (section 3) et les comptes de régularisation (section 4). Certains actifs sont assortis d'une clause de réserve de propriété. Nous explicitons cette notion dans la section 5. La section 6 récapitule les traitements à effectuer sur les différents postes d'actif.

SECTION 1 - Capital souscrit non appelé

Comme l'indique son intitulé, le capital souscrit non appelé est la fraction du capital social pour laquelle l'entreprise n'a pas encore effectué de demande de versement auprès des actionnaires. Ce poste peut recevoir deux traitements différents. Si l'analyste désire calculer la rentabilité de la société par rapport aux seuls capitaux réellement investis par les actionnaires, ce poste doit être supprimé et, de façon à respecter l'équilibre du bilan, il convient de retrancher le même montant des capitaux propres au passif. Cependant, dans la mesure où les actionnaires peuvent être appelés à verser les fonds à tout moment sur décision du conseil d'administration ou du directoire, la solution préférentielle est de reclasser ce poste en trésorerie active.

SECTION 2 – Actif immobilisé

Les immobilisations sont les actifs destinés à servir de façon durable à l'activité de l'entreprise (article R123-181, C. com.). Les immobilisations dont la durée de vie est limitée font l'objet d'un amortissement (article 214-1 PCG). Celles qui ne se déprécient pas de manière irréversible, notamment les terrains, les fonds de commerce et les titres de participation, donnent lieu à la constitution d'une provision pour dépréciation (article 38 sexies du Code général des impôts, CGI). Les immobilisations amortissables peuvent faire l'objet d'une « dépréciation en supplément de l'amortissement, à la condition qu'il soit effectivement établi que la valeur vénale de l'actif en cause est inférieure à sa valeur nette comptable [après amortissements], que cette dépréciation soit probable, et ne revête pas un caractère irréversible » (BOFIP, 2022). Les immobilisations demeurent inscrites au bilan tant qu'elles subsistent dans l'entreprise, y compris dans le cas où elles sont entièrement amorties, exception faite des frais d'établissement et de développement. Nous rappelons qu'il faut prendre en considération le montant net des postes d'immobilisations, c'est-à-dire leur montant brut diminué des amortissements ou provisions. Les immobilisations sont comptabilisées hors TVA déductible.

Ne figurent à l'actif que les biens dont l'entreprise est propriétaire. Ceux qu'elle a pris en location, même s'ils contribuent à son activité, ne sont pas inscrits dans son actif, mais dans celui du bailleur, leur propriétaire.

Nous distinguons les immobilisations incorporelles (paragraphe 1), corporelles (paragraphe 2) et financières (paragraphe 3).

1. Immobilisations incorporelles

Nous étudions les frais d'établissement, les frais de recherche et de développement, les concessions, brevets et droits similaires, le fonds commercial et ses différents éléments, les fichiers clients, le mali de fusion et les avances et acomptes sur immobilisations incorporelles.

Frais d'établissement : ces frais visés à l'article R123-186 alinéa 1 du Code de commerce sont des « dépenses engagées à l'occasion d'opérations qui conditionnent l'existence ou le développement de l'entreprise mais dont le montant ne peut être rapporté à des productions de biens et de services déterminés » (par exemple, les frais de constitution, ou les frais d'augmentation de capital). Ces frais peuvent être enregistrés comme charges l'année au cours de laquelle ils sont engagés, mais la société peut alternativement les inscrire à l'actif de son bilan pour les amortir dans un délai maximal de cinq ans. Les frais d'établissement sont des non-valeurs.

Frais de recherche et de développement : malgré son intitulé, cette rubrique ne contient pas de frais de recherche. Les coûts engagés lors de la phase de recherche doivent être passés en charges. N'y figurent que les frais liés au développement de nouveaux produits, engagés une fois passée la phase conceptuelle, comme le coût des tests marketing. Ces frais de développement peuvent être passés en charges de l'exercice ou, alternativement, être inscrits à l'actif du bilan, où ils seront amortis, à la condition de se rapporter à des projets nettement individualisés, ayant des sérieuses chances de réussite technique et de rentabilité commerciale (article R123-186 alinéa 2, C. com.). Néanmoins la prudence conduit, dans le contexte d'une analyse financière, à considérer les frais de développement inscrits à l'actif du bilan comme des non-valeurs.

Concessions, brevets et droits similaires : ce poste comprend obligatoirement les brevets et les marques acquis par l'entreprise. Quant aux éléments incorporels créés par l'entreprise pour ses propres besoins, celle-ci peut passer les dépenses correspondantes en charges de l'exercice ou, alternativement, à condition que les brevets et les marques créés soient protégés par leur enregistrement à l'Institut national de la propriété industrielle (INPI), les inscrire à l'actif de son bilan et les amortir sur une période maximale de cinq ans.

Fonds commercial : les éléments du fonds de commerce sont « l'enseigne, le nom commercial, le droit au bail, la clientèle et l'achalandage » (article L141-5, C. com.).

La *clientèle* est un élément indispensable à l'existence d'un fonds de commerce, sans laquelle celui-ci ne saurait exister.

Le *droit au bail* correspond au montant qu'un locataire, prenant la succession d'un autre dans des locaux loués, verse à ce dernier en considération du transfert des droits résultant du bail en cours : droit à la poursuite du bail dans les mêmes conditions jusqu'à son échéance, droit au renouvellement, loyers éventuellement inférieurs au prix du marché, révision des loyers réglementairement encadrée.

Le droit au bail est distinct du *droit d'entrée* ou *pas-de-porte* versé par le nouveau locataire au propriétaire du local commercial (et non au locataire sortant) lors de l'entrée dans les lieux, qui s'analyse comme un supplément de loyer, lorsqu'il n'a pas pour contrepartie des avantages supplémentaires procurés par le propriétaire à son nouveau locataire, par rapport à ceux résultant du contrat de bail. Dans cette hypothèse, le droit d'entrée ne figure pas à l'actif du bilan, mais en charge dans le compte de résultat.

L'achalandage désigne la potentialité d'avoir des clients que procure un emplacement favorable, par exemple, le fait pour un magasin d'être situé dans une rue commerçante.

Seuls figurent dans le poste « fonds commercial » les éléments de fonds de commerce achetés par l'entreprise, à l'exclusion des éléments qu'elle a créés elle-même. Le fonds commercial inscrit au bilan (par définition acheté) ne s'amortit pas, mais donne lieu, le cas échéant, à une provision pour dépréciation.

Fichiers clients : les fichiers clients acquis en dehors de l'achat d'un fonds de commerce possèdent une utilité immédiate pour le démarchage de nouveaux clients potentiels. Toutefois, l'information qu'ils contiennent se périme rapidement. Ce poste est donc à considérer comme une non-valeur.

Mali de fusion : lorsque la société absorbante possède des titres de la société absorbée, elle doit les annuler dans son bilan pour les remplacer par les actifs et passifs de la société absorbée, ce qui peut créer un mali de fusion (article 745-1 du PCG). Celui-ci se décompose en deux éléments : le mali technique et le « vrai » mali.

Le mali technique, dont la méthode de calcul est donnée à l'article 745-4 du PCG, apparaît généralement dans les opérations de fusion réalisées à la valeur comptable, lorsque l'actif net comptable apporté est inférieur à la valeur comptable des titres annulés. C'est ce type de mali que nous trouvons à l'actif du bilan de la société absorbante. Résultant de règles de comptabilisation, il ne traduit pas une perte de valeur. Lors d'une analyse financière, il ne nécessite aucun retraitement.

Le vrai mali quant à lui ne se retrouve pas à l'actif. Il correspond à la dépréciation que la société absorbante a dû constater au moment de la fusion sur les titres de la société absorbée, dont la valeur réelle était devenue inférieure à leur prix d'acquisition, diminué d'éventuelles dépréciations antérieures. Le vrai mali constitue une charge, directement comptabilisée par la société absorbante dans le résultat financier de l'exercice au cours duquel la fusion est réalisée (article 745-4, PCG).

Avances et acomptes sur immobilisations incorporelles : ce sont des sommes versées pour des immobilisations qui ne sont pas encore dans l'entreprise, et qui ne lui procurent donc aucun avantage économique. Ces montants ne constituent pas des non-valeurs, puisque l'argent versé comporte une contrepartie effective, mais des actifs hors exploitation. Nous expliciterons cette notion et ses conséquences dans la suite de cet ouvrage.

2. Immobilisations corporelles

Après avoir étudié la composition de cette partie de l'actif (paragraphe a), nous mentionnerons le cas particulier des biens pris en crédit-bail, qui n'y figurent pas (paragraphe b).

a) Les immobilisations corporelles figurant à l'actif du bilan

Elles se composent des postes suivants :

- terrains ;
- constructions ;
- installations techniques, matériels et outillage industriels ;
- autres immobilisations corporelles ;
- immobilisations en cours ;
- avances et acomptes sur immobilisations corporelles.

Éléments amortissables et non amortissables : les immobilisations corporelles ne sont pas toutes amortissables. Ainsi, d'une manière générale, ayant une durée d'utilisation non limitée, les terrains ne sont pas amortissables, à l'exception des terrains de gisement. Leur prix de revient ne peut faire l'objet, le cas échéant, que d'une provision pour dépréciation, par exemple, dans le cas d'un terrain à bâtir dont la constructibilité, et donc la valeur, sont réduites par la modification d'un Plan local d'urbanisme (PLU) intervenant après son achat.

En revanche, le coût des travaux de terrassement d'un terrain peut être amorti sous certaines conditions. Le Conseil d'État a ainsi précisé que :

> *Le coût des travaux de terrassement, effectués par une entreprise sur un terrain lui appartenant et sur lequel elle a édifié des installations industrielles, n'est pas un élément du prix de revient du terrain mais fait partie intégrante du coût de la réalisation d'immobilisations industrielles amortissables, dès lors que les travaux en cause n'ont pas eu pour effet de transformer un terrain à usage agricole en un terrain à usage industriel, mais constituent des aménagements de génie civil indissociables des travaux de fondation du bâtiment industriel que l'entreprise a édifié* (CE, 30 avril 1975, n° 93770).

Les constructions, les installations techniques, matériels et outillage industriels, et les « Autres immobilisations corporelles » sont amortissables.

Les « Autres immobilisations corporelles » incluent notamment les installations générales, agencements et aménagements divers, le matériel de transport, le matériel de bureau, le matériel informatique et le mobilier, propriété de l'entreprise.

Actifs d'exploitation et actifs hors exploitation : les immobilisations en cours et les avances et acomptes sur immobilisations corporelles ne procurent pas encore d'avantages économiques à l'entreprise. Ce sont des actifs hors exploitation.

b) Les biens pris en crédit-bail

Nous avons précisé, au début de cette section, que seules les immobilisations dont l'entreprise est propriétaire figurent à l'actif de son bilan. En sont exclues celles dont elle est locataire, notamment en vertu de contrats de crédit-bail mobilier ou immobilier. Parallèlement, les engagements futurs liés à ces contrats (redevances de l'année N+1 et des années ultérieures) ne figurent pas en dettes dans son passif, mais uniquement en engagements hors bilan (formulaire n° 2058-C, ligne YQ ou YR). L'application de ces règles conduit à sous-évaluer les immobilisations qu'une entreprise recourant au crédit-bail utilise pour l'exercice de ses activités, de même qu'elle minore son endettement réel.

Dans le cadre d'une analyse financière, pour comparer le rendement d'entreprises ayant effectué des choix de financement différents, les biens pris en crédit-bail sont traités comme si l'entreprise en avait acquis la propriété en les finançant par emprunt. Le montant des engagements figurant dans le formulaire n° 2058-C comprend non seulement la valeur résiduelle des biens, servant de base à la redevance, mais également la dette future d'intérêts. Une méthode empirique, lorsque les détails des contrats ne sont pas connus, consiste à considérer que la valeur des biens est égale aux trois quarts des engagements, et que le quart restant représente la dette d'intérêts future. La fraction des engagements relative à la valeur du bien doit être intégrée dans les immobilisations corporelles à l'actif. Le même montant doit être porté au passif dans les dettes financières durables, au titre de la dette d'emprunt théorique. En vertu du principe d'indépendance des exercices, la dette d'intérêt future n'est pas prise en compte.

Distinction entre engagements de crédit-bail et annuité de crédit-bail : Les engagements futurs liés aux contrats de crédit-bail (exercice N+1 et exercices ultérieurs) ne doivent pas être confondus avec l'annuité de crédit-bail de l'exercice N, incluse dans le montant global du poste « Autres achats et charges externes » dans le compte de résultat (formulaire n° 2053). Son montant individuel doit être mentionné au pied de ce document (ligne HP ou HQ).

Absence de retraitement des biens pris en location simple : Nous ne pensons pas que le même traitement doive être appliqué aux biens que l'entreprise prend en location simple. En effet, le crédit-bail contient un mécanisme contractuel, généralement une promesse unilatérale de vente, qui donne au locataire la faculté de devenir propriétaire du bien au plus tard à l'expiration du contrat (article L313-7, paragraphe 2, du Code monétaire et financier, CMF). Le prix de levée de la promesse est généralement très faible. Cette particularité, qui justifie sur le plan économique et financier l'assimilation du crédit-bail à un achat financé par l'emprunt, n'existe pas en cas de location simple.

3. Immobilisations financières

Les immobilisations financières sont les actifs financiers (actions ou parts sociales d'autres sociétés, prêts ou encore dépôts et cautionnements) que l'entreprise détient, a consentis ou a constitués dans une optique à long terme. Lorsqu'elle exerce une activité commerciale ou industrielle, l'ensemble de ces postes apparaît de prime abord comme des actifs hors exploitation.

Les immobilisations financières comprennent les postes suivants :

- participations évaluées selon la méthode de mise en équivalence ;
- autres participations ;
- créances rattachées à des participations ;
- autres titres immobilisés ;
- prêts ;
- autres immobilisations financières.

« Constituent des participations les droits [que possède la société] dans le capital d'autres personnes morales, matérialisés ou non par des titres, qui, en créant un lien durable avec celles-ci, sont destinés à contribuer à l'activité de la société détentrice. Sont présumés être des participations les titres représentant une fraction du capital supérieure à 10 % » (article R123-184, C. com.). Au-delà de 50 %, la société détenue est qualifiée de filiale (article L233-1, C. com.).

Le formulaire n° 2050 distingue les participations évaluées selon la méthode de mise en équivalence et les autres participations. Les premières sont celles sur lesquelles la société détentrice exerce une influence notable. Cette distinction, qui fait référence aux règles d'établissement des comptes consolidés, n'a pas d'incidence pratique en matière d'analyse financière, celle-ci étant réalisée à partir des comptes annuels.

Pour mémoire, dans un bilan consolidé la société-mère remplace les titres de ses filiales et participations par tout ou partie des actifs et passifs des sociétés concernées.

Les créances rattachées à des participations sont représentées par les prêts que la société a consentis dans une optique à long terme (à plus d'un an) aux entreprises dans lesquelles elle détient une participation.

Parmi les autres immobilisations financières figurent les dépôts et cautionnements que l'entreprise a été amenée à verser, les titres participatifs auxquels elle a souscrit, les prêts participatifs qu'elle a consentis et les actions propres (ou parts sociales propres) en voie d'annulation.

Nous étudierons les titres participatifs dans la section 2 du chapitre 3 consacré à l'examen des postes de passif. Les entreprises qui ont acquis ces titres les inscrivent en immobilisations financières dans leur actif, les entreprises qui les ont émis les inscrivent dans leur passif en « Autres fonds propres » (« produits des émissions de titres participatifs »).

Les prêts participatifs seront examinés dans la section 4 du chapitre 3. L'entreprise qui a consenti ces prêts les enregistre dans ses immobilisations financières, celle qui en bénéficie dans ses dettes. Toutefois, comme nous le verrons, selon le Code monétaire et financier, « [les emprunts participatifs] sont, au regard de l'appréciation de la situation financière des entreprises qui en bénéficient, assimilés à des fonds propres ».

Les « actions propres ou les parts (sociales) propres en voie d'annulation » sont les titres que la société a rachetés dans son propre capital, en vue de les annuler dans le cadre d'une réduction de capital non motivée par des pertes (cf., par exemple, article L225-207, C. com.). Cette opération, qui réduit le nombre de titres ayant droit aux dividendes, augmente la valeur de marché des titres restants. Lors d'une analyse financière, il convient de soustraire le montant de ces titres tant de l'actif (immobilisations financières) que du passif (capitaux propres).

Le formulaire n° 2057 ventile les postes de créances rattachées à des participations, les prêts et autres immobilisations financières entre la partie arrivant à échéance à un an au plus à compter de la clôture de l'exercice (lignes UM, UR et UV), et celle arrivant à échéance ultérieurement (lignes UN, US et UW). La partie à moins d'un an doit être reclassée en trésorerie positive (à l'actif).

SECTION 3 - Actif circulant

L'actif circulant représente l'ensemble des éléments d'actif que l'entreprise détient à court terme, pour la durée d'un cycle d'exploitation. Le plan comptable distingue les stocks (paragraphe 1), les avances et acomptes versés sur commandes (paragraphe 2), les créances (paragraphe 3), et sous une dénomination « divers », les valeurs mobilières de placement (dont les actions propres) et les disponibilités (paragraphe 4).

1. Stocks

Les stocks comprennent tous les biens qui n'ont pas vocation à rester durablement dans l'entreprise. Outre les produits finis et les marchandises, ils se composent des biens devant être utilisés dans le processus de production (matières premières et autres approvisionnements), des biens déjà en cours de fabrication (encours de production de biens, produits intermédiaires) et des services en cours de réalisation (encours de production de services).

Les marchandises désignent les biens que l'entreprise a achetés pour les revendre en l'état, sans y apporter de transformation.

Les stocks de matières premières et autres approvisionnements et les stocks de marchandises sont comptabilisés à leur coût d'acquisition, les produits en cours, intermédiaires ou finis, à leur coût de production. L'ensemble des stocks sont comptabilisés hors TVA déductible.

2. Avances et acomptes versés sur commandes

Ce sont les avances et acomptes versés par l'entreprise à ses fournisseurs sur des commandes de biens (marchandises, matières premières, fournitures) ou de services se rapportant au cycle d'exploitation. Ces montants sont comptabilisés TTC.

3. Créances

Le formulaire n° 2050 regroupe sous cette rubrique les comptes « Clients et comptes rattachés », « Autres créances » et « Capital souscrit et appelé, non versé ». Après avoir étudié ces différents postes (paragraphe a), nous évoquerons le cas particulier des effets portés à l'escompte et non échus (EENE) (paragraphe b).

a) Les postes de créances

Clients et comptes rattachés : le solde du poste clients indique le montant des factures non encore réglées par les clients, soit parce qu'ils disposent d'un délai de règlement, soit parce qu'ils sont défaillants.

La défaillance d'un client peut provenir de sa mauvaise situation financière (créance douteuse) ou d'un désaccord sur le principe ou le montant de la créance (créance litigieuse). Lorsque des événements en cours à la clôture de l'exercice rendent le risque de non-recouvrement probable, les provisions pour créances douteuses ou litigieuses sont déductibles fiscalement. C'est le montant net du poste clients, provisions déduites, qui est pris en considération.

Le compte « Clients – Produits non encore facturés » enregistre les créances relatives à des biens déjà livrés, ou à des prestations de services déjà effectuées, pour lesquels l'entreprise n'a pas encore établi de facture client.

Les créances clients sont comptabilisées TTC. Le taux de TVA de droit commun, s'appliquant au prix hors taxes, est de 20 %.

Autres créances : cette rubrique est composite. Il peut s'agir d'avances ou acomptes versés au personnel de l'entreprise, de subventions à recevoir de l'État ou autres collectivités publiques, d'une créance de TVA sur l'État (la TVA déductible est supérieure à la TVA collectée), d'une créance d'impôt sur les sociétés (l'entreprise a versé en cours d'exercice des acomptes dont le montant total est supérieur à l'impôt dont elle est finalement redevable), de créances sur cession d'immobilisations ou encore d'avances en compte courant consenties par une société à d'autres sociétés de son groupe.

L'impôt sur les sociétés (IS) ne se rattache pas à l'exploitation de l'entreprise. C'est un prélèvement sur son résultat fiscal. La créance d'IS est donc hors exploitation. Les créances sur cession d'immobilisations sont également hors exploitation.

Lorsqu'elles sont considérées comme non durables à l'origine, les avances en compte courant consenties par une société à d'autres sociétés de son groupe doivent être classées, du point de vue financier, en trésorerie positive.

Capital souscrit et appelé, non versé : ce poste est à reclasser en trésorerie positive.

b) Les effets portés à l'escompte et non échus (EENE)

Afin de se procurer de la trésorerie, une entreprise peut être amenée à escompter auprès de sa banque ses créances matérialisées par un effet à recevoir. À la suite de cette opération, le compte client diminue du montant de la créance, car celle-ci est devenue la propriété de la banque, et le produit de l'escompte (le montant de l'effet minoré de la commission et des intérêts dus à la banque) est inscrit en trésorerie. Cependant, l'entreprise demeurant engagée vis-à-vis de la banque en cas de défaillance du client, le montant de la créance est inscrit en engagement hors bilan jusqu'à son échéance (formulaire n° 2058-C).

Le recours à l'escompte ne permet pas de prendre la mesure réelle du poste clients, puisque celui-ci a été diminué du montant des effets escomptés, ni la mesure des concours bancaires dont l'entreprise bénéficie, puisque le produit de l'escompte, remplaçant une créance, figure en trésorerie active et non au passif.

Lors d'une analyse financière, afin de permettre la comparaison avec des entreprises ne recourant pas à ce mode de financement, le compte clients est majoré des EENE et un montant équivalent est inscrit dans un compte de trésorerie négative au passif.

Se rapprochent de l'escompte d'effets à recevoir : la cession de créances professionnelles (loi Dailly), le recours à l'affacturage et la cession des créances à un organisme de titrisation (ce dernier finançant l'acquisition des créances en émettant des titres de dette souscrits par des investisseurs, d'où son appellation). Ces opérations sont à traiter de la même façon que les EENE.

4. Divers

Comme précisé en tête de section, cette dénomination regroupe les valeurs mobilières de placement (dont les actions propres) et les disponibilités.

À l'exception des actions propres, les valeurs mobilières de placement recouvrent des quasi-disponibilités monétaires telles que des actions ou des obligations détenues dans une optique de court terme, des actions ou parts de sociétés d'investissement à capital variable (SICAV) ou de fonds commun de placement (FCP) de trésorerie. Les disponibilités regroupent les comptes bancaires positifs et la caisse de l'entreprise. L'ensemble de ces postes est à reclasser en trésorerie positive à l'actif.

Les actions propres figurant en actif circulant ont des origines diverses. À titre d'exemple, l'article L225-208 du Code de commerce autorise la société à racheter ses propres actions dans le cadre de programmes d'attribution d'actions gratuites ou d'options d'achat d'actions en faveur de ses dirigeants ou de ses salariés. L'article L225-209 lui permet, lorsque ses actions sont cotées, de racheter ses propres actions pour favoriser la liquidité dans les conditions définies par le règlement général de l'Autorité des marchés financiers (AMF). Dans l'ensemble de ces situations, ce sont des actifs hors exploitation, qui n'ont pas pour objet d'alimenter la trésorerie de l'entreprise.

SECTION 4 - Comptes de régularisation

Cette rubrique comprend, d'une part, les charges constatées d'avance (qui sont à classer avec l'actif circulant) et, d'autre part, les charges à répartir sur plusieurs exercices, les primes de remboursement des obligations et les écarts de conversion - actif.

Charges constatées d'avance : ce poste est la contrepartie, à l'actif du bilan, de charges annulées au compte de résultat, parce qu'elles concernent l'exercice suivant. Par exemple, lorsque l'entreprise enregistre dans ses charges une prime d'assurance couvrant la période du 1er août au 31 juillet de l'année suivante, les 5/12e de cette prime concernent effectivement l'exercice N, mais les 7/12e restants doivent être retirés du compte de résultat de cet exercice car ils se rattachent à l'exercice N+1. Les charges constatées d'avance concernent généralement l'exploitation de l'entreprise. Toutefois, certaines d'entre elles, par exemple, les charges constatées d'avance financières, telles que les intérêts, sont hors exploitation.

Charges à répartir sur plusieurs exercices : ce poste recouvre des charges non répétitives dont l'entreprise attend des avantages économiques futurs. Elles sont neutralisées dans le compte de résultat et transférées à l'actif du bilan, où elles seront amorties sur plusieurs exercices. Du point de vue de l'analyse financière, ces charges se rattachent aux immobilisations. Les frais d'adaptation des systèmes informatiques et comptables, en vue du passage à l'euro au 1er janvier 2002, en ont constitué un exemple. Ces frais ont été considérés sur le plan financier comme des immobilisations incorporelles.

Lorsque les dépenses ne remplissent pas ces critères, elles doivent être passées, pour leur totalité, en charges dans le compte de résultat de l'exercice au cours duquel elles sont engagées. Si elles ont été transférées à l'actif, elles constituent une non-valeur.

Actuellement, ce poste est uniquement utilisé pour répartir les frais d'émission des emprunts sur leur durée. Il constitue une non-valeur.

Prime de remboursement des obligations : ce poste est utilisé lorsque la valeur de remboursement des obligations émises par la société est supérieure à leur prix d'émission (l'argent qu'elle a reçu). Prenons l'exemple d'une société qui émet 2 000 obligations d'un nominal de 1 000 euros, au pair (le prix d'émission est égal à la valeur nominale), d'une durée de dix ans, remboursables pour un montant de 1 050 euros. La prime représente un montant unitaire de 50 euros, soit 100 000 euros au total. L'inscription de la prime de remboursement des obligations à l'actif du bilan permet d'amortir son montant sur la durée de l'emprunt obligataire, au lieu de le passer en totalité en charge l'année d'émission des obligations. Ce poste est une non-valeur.

Écart de conversion - actif : les dettes que la société contracte ou les créances qu'elle constate en monnaie étrangère en cours d'exercice sont converties en euros au cours du jour, de façon à pouvoir être enregistrées en comptabilité. Lors des écritures de fin d'exercice, la créance (non encaissée) ou la dette (non réglée) fait l'objet d'une nouvelle évaluation en euros, sur la base des cours de change constatés à la clôture de l'exercice. L'écart de conversion actif correspond à une différence de change négative. La perte de change potentielle est enregistrée dans le compte de tiers concerné (client ou fournisseur) afin que ce compte reflète sa véritable contre-valeur en euros à la date d'établissement du bilan, mais du fait de son caractère seulement potentiel, elle est neutralisée par le compte écart de conversion actif. Ces écritures sont extournées, c'est-à-dire annulées, au début de l'exercice suivant. Lors d'une analyse financière l'écart de conversion actif est considéré comme une non-valeur. Il est supprimé de l'actif et le même montant est retranché des capitaux propres. La perte de change potentielle, quant à elle, reste inscrite dans le compte de tiers. Si, en application de l'article 420-5 du PCG, une provision pour perte de change a été comptabilisée au passif, l'écart de conversion s'impute sur elle et non sur les capitaux propres.

SECTION 5 – Actifs assortis d'une clause de réserve de propriété

Le formulaire n° 2050 prévoit, en bas de page, l'indication du montant des immobilisations, des stocks et des créances, figurant à l'actif de l'entreprise, assortis d'une clause de réserve de propriété. Lorsqu'une telle clause est stipulée, la propriété du bien vendu est conservée par le vendeur, à titre de garantie, jusqu'au paiement complet du prix par l'acheteur (article 2367 du Code civil). Néanmoins la comptabilisation de la transaction s'effectue immédiatement à la date de livraison du bien, sans être retardée à celle du transfert de propriété (article 512-3 du PCG). Selon les actifs concernés, l'entreprise connaît deux situations différentes. Dans le cas d'immobilisations ou de stocks, la clause bénéficie au tiers vendeur des biens. Dans le cas de créances, où l'entreprise est en position de vendeur, c'est elle qui en bénéficie. Les actifs concernés n'appellent pas de traitement particulier en tant que tels. C'est leur contrepartie au niveau de l'endettement ou des besoins de trésorerie de l'entreprise qui retient l'attention de l'analyste financier.

SECTION 6 – État récapitulatif des retraitements à effectuer

Nous reprenons ci-après l'ensemble des postes de l'actif dans l'ordre du bilan.

BFR = besoin en fonds de roulement.

Tableau 2.1. – Liste des retraitements – actif du bilan

Capital souscrit non appelé	Trésorerie active

ACTIF IMMOBILISÉ	

Immobilisations incorporelles	
Frais d'établissement	Non-valeur ; à supprimer, et diminuer les capitaux propres au passif du même montant
Frais de recherche et développement	Non-valeur ; même traitement que ci-dessus
Concessions, brevets et droits similaires	Actifs d'exploitation
Fonds commercial	Actifs d'exploitation

Fichiers clients	Non-valeur ; à supprimer, et diminuer les capitaux propres au passif du même montant
Mali de fusion	Pas de retraitement
Avances et acomptes sur immobilisations incorporelles	Actifs hors exploitation

Immobilisations corporelles	
Terrains	Actifs d'exploitation
Constructions	Actifs d'exploitation ; ajouter 75 % des engagements de crédit-bail immobilier ; ajouter le même montant dans les dettes financières durables au passif
Installations techniques, matériels et outillage industriels	Actifs d'exploitation ; ajouter 75 % des engagements de crédit-bail mobilier ; ajouter le même montant dans les dettes financières durables au passif
Autres immobilisations corporelles	Actifs d'exploitation
Immobilisations en cours	Actifs hors exploitation
Avances et acomptes sur immobilisations corporelles	Actifs hors exploitation

Immobilisations financières	
Participations évaluées par mise en équivalence	Actifs hors exploitation
Autres participations	Actifs hors exploitation
Créances rattachées à des participations	Actifs hors exploitation
Autres titres immobilisés	Actifs hors exploitation
Prêts	Actifs hors exploitation
Autres immobilisations financières	Actifs hors exploitation
- *Dont prêts venant à échéance à moins d'un an*	*Trésorerie active*
- *Dont actions ou parts sociales propres en voie d'annulation*	*À supprimer de l'actif et déduire le même montant des capitaux propres au passif*

ACTIF CIRCULANT	

Stocks	
Matières premières et autres approvisionnements	BFR (cycle d'exploitation)
Encours de production de biens	BFR (cycle d'exploitation)
Encours de production de services	BFR (cycle d'exploitation)
Produits intermédiaires et finis	BFR (cycle d'exploitation)
Marchandises	BFR (cycle d'exploitation)

Avances et acomptes versés sur commandes	BFR (cycle d'exploitation)

Créances	
Clients et comptes rattachés	BFR (cycle d'exploitation) ; ajouter les effets portés à l'escompte et non échus (EENE) ; ajouter le même montant en trésorerie négative au passif
Autres créances	BFR (cycle d'exploitation)
- *Dont créance d'IS*	*BFR hors exploitation*
- *Dont créances sur cessions d'immobilisations*	*BFR hors exploitation*
- *Dont avances en compte courant consenties au profit de sociétés du groupe considérées comme non durables à l'origine*	*Trésorerie active*
Capital souscrit et appelé, non versé	Trésorerie active

Divers	
Valeurs mobilières de placement	Trésorerie active
- *Dont actions propres*	*BFR hors exploitation*
Disponibilités	Trésorerie active

COMPTES DE RÉGULARISATION	

Charges constatées d'avance	BFR (cycle d'exploitation)
- *Dont charges constatées d'avance financières (intérêts)*	*BFR hors exploitation*
Charges à répartir sur plusieurs exercices	En principe à reclasser en immobilisations
- *Dont frais d'émission des emprunts*	*Non-valeur ; à supprimer et diminuer les capitaux propres au passif du même montant*
Prime de remboursement des obligations	Non-valeur ; à supprimer et diminuer les capitaux propres au passif du même montant
Écarts de conversion - actif	Non-valeur ; à supprimer et réduire du même montant au passif les capitaux propres ou la provision pour perte de change si elle existe

CHAPITRE 3
L'EXAMEN DES POSTES DE PASSIF

Nous examinons les postes de passif dans l'ordre où ils apparaissent dans le formulaire fiscal n° 2051. Il s'agira donc successivement des capitaux propres (section 1), des autres fonds propres (section 2), des provisions pour risques et charges (section 3), des dettes (section 4), du compte de régularisation passif (section 5) et de l'écart de conversion - passif (section 6). Enfin la section 7 récapitulera les différents traitements à effectuer sur les postes de passif.

SECTION 1 – Capitaux propres

Les capitaux propres (ou fonds propres) sont la partie du passif qui appartient aux actionnaires. En dehors des bénéfices annuels, ces sommes ont vocation à demeurer dans la société pour la financer, sauf décision de l'assemblée des actionnaires, par exemple, dans le cas de distribution de primes liées au capital ou de réserves facultatives. En cas de liquidation de la société, les capitaux propres possèdent la priorité de paiement la plus faible (le degré d'exigibilité le plus bas). Ils ne sont versés aux actionnaires que si les créanciers ont été totalement remboursés.

Les capitaux propres comprennent un nombre important de rubriques. Nous étudions successivement :

- le capital social ou individuel (paragraphe 1) ;
- les primes d'émission, de fusion, d'apport (paragraphe 2) ;
- les écarts de réévaluation (paragraphe 3) ;
- la réserve légale (paragraphe 4) ;
- les réserves statutaires ou contractuelles (paragraphe 5) ;
- les réserves réglementées (paragraphe 6) ;
- les autres réserves (paragraphe 7) ;
- le report à nouveau (paragraphe 8) ;
- le résultat de l'exercice (bénéfice ou perte) (paragraphe 9) ;
- les subventions d'investissement (paragraphe 10) ;
- les provisions réglementées (paragraphe 11).

Certains postes sont porteurs d'un impôt latent. Lors d'une analyse financière, celui-ci est déduit des capitaux propres et porté en dette à long terme. Sauf précision contraire, le taux à prendre en considération est de 25 %, taux normal de l'IS pour les exercices ouverts à compter du 1er janvier 2022 (article 219, paragraphe I, du CGI).

1. Capital social ou individuel

Le capital social représente les sommes que les actionnaires ont apportées à l'origine, lors de la constitution de la société, augmentées de celles qui y ont été incorporées ultérieurement (augmentations de capital en numéraire, par incorporation de réserves, par apport en nature ou à la suite d'une fusion) et diminuées des retraits (réduction du capital par imputation de pertes, par exemple).

Le capital souscrit par les actionnaires figure en totalité au passif, qu'il ait été versé entièrement ou non. Comme nous l'avons vu dans le chapitre précédent, l'actif du bilan reprend la partie non versée, traitée sur le plan financier comme un actif de trésorerie qu'elle ait été appelée ou non appelée (mais susceptible de l'être sur simple décision du conseil d'administration).

Toute société possède un capital. Le capital social des sociétés anonymes (SA) doit être de 37 000 euros minimum (article L224-2, C. com.). Aucun capital social minimum n'est requis pour les sociétés par actions simplifiées (SAS) (article L227-1) et les sociétés à responsabilité limitée (SARL) (article L223-2) ; néanmoins elles doivent posséder un capital.

Le capital social est divisé en actions (pour une SA ou une SAS) ou en parts sociales (pour une SARL). Il correspond au montant nominal des titres qui sont émis. Lorsque les actions, ou parts sociales, sont émises pour un prix supérieur à leur valeur nominale, le supplément que devra régler le souscripteur, appelé « prime », est porté dans le compte « Primes d'émission, de fusion, d'apport ».

Le capital individuel désigne la valeur qu'un entrepreneur individuel fait figurer au passif de son entreprise, en contrepartie des actifs qu'il affecte à son activité professionnelle, par exemple, un ordinateur. Nous n'étudions pas l'entreprise individuelle dans cet ouvrage.

2. Primes d'émission, de fusion, d'apport

La prime que doit régler le souscripteur d'actions ou de parts sociales nouvelles se justifie par le fait qu'il entre ou augmente sa participation dans une société dont les titres existants ont une valeur supérieure à leur montant nominal. Ainsi, dans une société dont chacune des actions existantes d'un montant nominal de 100 euros représente une quote-part de capitaux propres de 300 euros, la souscription de chaque action nouvelle d'un nominal de 100 euros sera assortie d'une prime d'émission de 200 euros.

Il existe des primes d'émission (augmentation de capital en numéraire), d'apport (augmentation de capital en nature) ou de fusion (absorption d'une société par une autre). Dans chacune de ces opérations, pour déterminer le nombre d'actions nouvelles que devra créer la société bénéficiaire, le montant de l'apport qui lui est fait (apport en numéraire, valeur des biens apportés en nature, ou valeur de la société absorbée) est divisé par la valeur unitaire de ses actions existantes (la quote-part de capitaux propres représentée par chaque action). Les actions nouvelles ont le même montant nominal que les actions anciennes. La prime dont elles sont assorties, et qui doit être libérée lors de la souscription, représente le surplus de valeur des titres anciens par rapport à ce montant nominal.

3. Écarts de réévaluation

Ce poste constitue la contrepartie au passif du surplus de valeur résultant de la réévaluation des immobilisations à l'actif.

Il inclut, à titre principal, la réserve de réévaluation des entreprises ayant procédé à la réévaluation de leurs immobilisations non amortissables, y compris les titres de participation, en application de l'article 238 bis I, du CGI. Cette opération, obligatoire pour les sociétés cotées et pour leurs participations, devait être effectuée soit dans les écritures du premier exercice clos à dater du 31 décembre 1976, soit dans celles des trois exercices suivants. La plus-value de réévaluation est inscrite, en franchise de tout impôt, à une réserve de réévaluation au passif du bilan. Cette réserve n'est pas distribuable.

Hormis ce cas particulier, la réévaluation des bilans est facultative et peu fréquente. Elle est autorisée par le Code de commerce (article L123-18, alinéa 4). Elle doit concerner l'ensemble des immobilisations corporelles et financières (article 214-27, PCG). Elle ne peut porter ni sur les immobilisations incorporelles ni sur les stocks. Les immobilisations sont réévaluées à leur valeur actuelle, estimée en fonction du marché et de leur utilité pour l'entreprise. Sur le plan comptable, le surplus de valorisation constaté à l'actif ne participe pas à la détermination du résultat. Il est inscrit directement dans le compte « Écarts de réévaluation au passif ». En revanche, sur le plan fiscal, les plus-values dégagées par la réévaluation sont immédiatement imposables. L'impôt ayant déjà été comptabilisé ou réglé, la partie du poste « Écarts de réévaluation » relative à une réévaluation libre ne nécessite pas de retraitement.

À titre temporaire, toutefois, l'article 31 de la loi n° 2020-1721 du 29 décembre 2020 (codifié à l'article 238 bis JB, du CGI) permet aux entreprises qui procèdent à une réévaluation libre de l'ensemble de leurs immobilisations corporelles et financières, au terme d'un exercice clos à compter du 31 décembre 2020 jusqu'au 31 décembre 2022, de ne pas prendre en compte l'écart de réévaluation qu'elles constatent pour la détermination du résultat imposable de l'exercice au titre duquel elles procèdent à cette réévaluation. Ces dispositions optionnelles ont pour but de permettre aux entreprises affectées par la pandémie liée à la Covid-19 d'améliorer leur situation financière et de renforcer leurs fonds propres. Elles sont subordonnées à plusieurs engagements de l'entreprise, notamment celui de réintégrer l'écart de réévaluation afférent aux immobilisations amortissables dans les bénéfices imposables sur une période de quinze ans (constructions), une période au moins égale à quinze ans (plantations, agencements et aménagements des terrains amortissables) ou de cinq ans (autres immobilisations). Cet écart de réévaluation est donc porteur d'un impôt latent.

4. Réserve légale

Dans les sociétés par actions et les SARL, un montant de 5 % prélevé sur les bénéfices de l'exercice, diminués, le cas échéant, des pertes antérieures, doit être affecté à la « réserve légale ». Ce prélèvement cesse d'être obligatoire quand la réserve légale atteint 10 % du capital social (article L232-10 du C. com.).

5. Réserves statutaires ou contractuelles

Les réserves statutaires sont celles prévues dans les statuts de la société, dont les dispositions s'imposent à l'assemblée générale, lorsqu'elle se prononce sur l'affectation du résultat. Elles doivent donc être obligatoirement dotées. Les réserves contractuelles sont des réserves obligatoires dont la constitution et le montant sont prévus dans des contrats entre la société et des tiers, par exemple un banquier qui, pour s'assurer de la solvabilité de la société, exige d'elle le blocage en réserve contractuelle d'un certain pourcentage ou montant de ses bénéfices.

6. Réserves réglementées

Cette rubrique recouvre des réserves bénéficiant d'un régime fiscal de faveur. Elle concerne à titre principal la réserve spéciale des provisions pour fluctuation des cours et la réserve des plus-values à long terme, qui ont été supprimées par le législateur, respectivement fin 1997 et fin 2004, mais les réserves constituées antérieurement à la suppression peuvent continuer de figurer dans les comptes, en suivant les règles en vigueur lors de leur constitution. Ces réserves supportent un impôt latent.

Les *provisions pour fluctuation des cours* pouvaient être constituées par « les entreprises, dont l'objet principal est de faire subir en France la première transformation à des matières premières acquises sur les marchés internationaux ou à des matières premières acquises sur le territoire national et dont les prix sont étroitement liés aux variations des cours internationaux [cuivre, étain, coton, jute, laine, lin, graines de soja, caoutchouc, pétrole brut, etc.] (articles 3 à 10 septies du livre premier de l'annexe 3 au CGI). Ces dispositions ont été abrogées par la loi n° 97-1269 du 30 décembre 1997 (article 6). Les entreprises n'ayant pas inscrit ces provisions dans un compte de réserve spéciale, à la clôture du premier exercice clos à compter du 31 décembre 1997, ont dû les rapporter, par fractions égales, aux résultats imposables de cet exercice et des deux exercices suivants. Les sommes inscrites à la réserve ne peuvent excéder 9 146 941 euros. En cas de prélèvement sur ce compte de réserve, le montant des sommes prélevées est, sauf exceptions, rapporté aux résultats imposables de l'exercice en cours lors du prélèvement (article 39, 1, 5°, alinéas 4 à 10 du CGI).

Les *réserves de plus-values nettes à long terme* présentent également un aspect historique. Jusqu'à la fin 2004, le taux d'imposition réduit (19%) dont bénéficient les plus-values à long terme était subordonné à l'inscription de leur montant net (après impôt) dans un compte de réserve spéciale. La loi n° 2004-1485 du 30 décembre 2004 (article 39) a supprimé cette obligation. « L'imposition au taux réduit des plus-values à long terme pour les exercices ouverts à compter du 1er janvier 2005 présente [...] un caractère définitif et n'est plus subordonnée au maintien des sommes en cause dans les capitaux propres de l'entreprise » (BOFIP, 2013).

Les sommes inscrites en réserve spéciale jusqu'à un montant de 200 millions d'euros ont dû être transférées dans un compte de réserve ordinaire avant le 31 décembre 2005, moyennant le paiement d'une taxe exceptionnelle de 2,5 %. En ce qui concerne la fraction de la réserve spéciale excédant 200 millions d'euros, les entreprises pouvaient opter pour le virement de tout ou partie de cette somme en réserve ordinaire jusqu'au 31 décembre 2006, en s'acquittant également de la taxe exceptionnelle de 2,5 %. Les sommes virées en réserve ordinaire sont libérées de tout impôt. En cas de prélèvement, l'entreprise n'est pas tenue de rapporter les sommes prélevées aux résultats de l'exercice en cours (article 39, CGI).

Les entreprises qui continuent de posséder au passif de leur bilan un compte de réserve spéciale de plus-values à long terme sont celles qui n'ont pas opté, pour la partie supérieure à 200 millions d'euros, pour le virement optionnel en réserve ordinaire (ce qui les a dispensées de payer la taxe exceptionnelle). Lorsqu'elles procèdent à un prélèvement sur cette réserve, les entreprises doivent rapporter les sommes prélevées aux bénéfices imposables de l'exercice en cours lors de leur distribution, sous déduction de l'impôt (19 %) qui a déjà été perçu lors de la réalisation des plus-values correspondantes (article 209 quater et 219, I, a du CGI). La réserve spéciale des plus-values à long terme supporte donc un impôt latent de 6 % (25 % – 19 %).

7. Autres réserves

Le formulaire fiscal n° 2051 mentionne *la réserve relative à l'achat d'œuvres originales d'artistes vivants*. L'article 238 bis AB du CGI prévoit en effet une déduction spéciale, à compter du 1er janvier 2002 et jusqu'au 31 décembre 2025, en faveur des entreprises qui achètent des œuvres originales d'artistes vivants pour les exposer au public, ainsi que des instruments de musique destinés à être prêtés à titre gratuit aux artistes-interprètes qui en font la demande. L'œuvre d'art ou l'instrument de musique doit être inscrit à l'actif du bilan dans un compte d'immobilisations. Les entreprises peuvent déduire du résultat de l'exercice d'acquisition et des quatre années suivantes, par fractions égales, une somme égale au prix d'acquisition, dans la limite de cinq pour mille du chiffre d'affaires, diminuée des versements effectués dans le cadre du mécénat prévu à l'article 238 bis. La somme déduite doit être portée à un compte de réserve spéciale au passif du bilan. Les sommes inscrites dans ce compte sont immédiatement réintégrées dans les bénéfices imposables, au taux de droit commun, en cas de changement d'affectation ou de cession de l'œuvre, ou de l'instrument, ou de prélèvement sur le compte. Cette réserve est donc porteuse d'un impôt latent.

Le PCG, quant à lui, mentionne *la réserve (ou provision) de propre assureur*. Dans cette hypothèse, l'entreprise, pour se prémunir contre des risques de pertes futures, affecte des sommes à un poste de réserves, au lieu de souscrire une police d'assurance. Sur le plan fiscal, les provisions ainsi comptabilisées ne sont pas déductibles, dès lors que ces risques sont « purement éventuels et ne présentent, à la clôture de chaque exercice, aucun caractère de probabilité ». Le Conseil d'État a ainsi jugé que :

Les provisions [de propre assureur] constituées en vue de faire face à un risque d'incendie, d'inondation ou de vol ne sauraient être admises en déduction du résultat fiscal, même si elles n'excèdent pas le montant des primes exigibles par une compagnie pratiquant l'assurance contre le même risque, car les pertes que ces provisions se proposent de couvrir ne peuvent, à la clôture de l'exercice, ni être regardées comme probables, ni être évaluées avec une approximation suffisante (BOFIP, 2014).

Du fait de sa non-déductibilité, la provision de propre assureur est incluse dans la base imposable à l'IS de l'exercice. Il n'y a donc pas de retraitement à effectuer.

8. Report à nouveau (RAN)

C'est la partie du résultat pour laquelle l'assemblée générale reporte sa décision à l'exercice suivant.

Le formulaire n° 2051 représente le « passif avant répartition », c'est-à-dire avant affectation du résultat. Le montant de report à nouveau, inscrit dans la colonne « Exercice N », provient de l'affectation du résultat de l'exercice N−1.

9. Résultat de l'exercice (bénéfice ou perte)

Comme précisé ci-dessus, le résultat qui figure dans la colonne « Exercice N » n'a pas encore fait l'objet d'une décision d'affectation. Il est « en instance d'affectation ».

10. Subventions d'investissement

Ce sont des sommes que l'entreprise a reçues de la part d'une personne publique (généralement une collectivité publique) ou privée pour acquérir ou créer des immobilisations (*subventions d'équipement*) ou financer des activités à long terme (*autres subventions d'investissement*). Elles ne sont pas destinées à être remboursées et sont définitivement acquises à l'entreprise, sauf en cas de non-respect des conditions d'octroi. Elles peuvent être comptabilisées immédiatement en produit et, dans ce cas, sont imposées en totalité au titre de l'exercice.

En revanche, si l'entreprise les inclut dans ses capitaux propres, en réserves réglementées, leur reprise en produit dans le compte de résultat, et donc leur imposition, se fera de façon étalée (article 312-1, PCG). Dans cette hypothèse, elles supportent un impôt latent.

11. Provisions réglementées

Cette rubrique recouvre les provisions que des dispositions fiscales particulières permettent aux entreprises de constituer, le plus souvent pour des raisons économiques.

Nous étudierons tout d'abord les dispositions relatives à la provision pour hausse de prix et à la provision pour amortissement dérogatoire, qui sont toujours en vigueur, puis deux provisions qui présentent un caractère historique : la provision spéciale de l'article 238 bis J du CGI, relative à la réévaluation des immobilisations amortissables dans les écritures du premier exercice clos à dater du 31 décembre 1976 ou des trois exercices suivants, et la provision pour prêts d'installation consentis aux anciens salariés. L'ensemble de ces provisions sont porteuses d'un impôt latent.

Nous mentionnerons enfin pour mémoire les provisions pour risques afférents aux opérations de crédit à moyen et long terme, calculées forfaitairement, la notice fiscale n° 2032 rappelant que ces provisions ne sont plus déductibles (site impots.gouv.fr, 2023).

Provision pour hausse des prix : Les entreprises sont autorisées à comptabiliser cette provision dans leurs capitaux propres, en réserves réglementées, lorsque, pour une matière ou un produit donné, il est constaté, au cours d'une période ne pouvant excéder deux exercices successifs, une hausse de prix supérieure à 10 %. La dotation ne peut excéder 15 millions d'euros par période de douze mois. Le montant de la provision est réintégré au plus tard dans les bénéfices imposables du sixième exercice suivant celui au cours duquel elle a été constituée (article 39, 1, 5°, alinéas 11 et 12, CGI).

Provision pour amortissement dérogatoire : ce compte s'utilise lorsque les actifs sont amortis fiscalement selon le système dégressif.

Comptablement, les actifs sont amortis selon le système linéaire, encore appelé amortissement technique ou amortissement par dépréciation. L'annuité d'amortissement est égale au prix d'acquisition du bien, divisé par sa durée d'utilisation réelle ou fiscalement admise. La valeur nette comptable (VNC) des immobilisations (prix d'acquisition moins amortissements) qui figure à l'actif du bilan est calculée sur cette base.

Sur le plan fiscal, cependant, tout en étant amortis sur la même durée (durée d'utilisation réelle ou fiscalement admise), certains biens peuvent bénéficier, pour la détermination du résultat imposable, d'un amortissement dégressif, plus rapide les premières années. L'amortissement dérogatoire est la fraction de l'annuité d'amortissement dégressif qui constitue une charge fiscalement déductible en supplément de l'annuité d'amortissement comptable. Cet amortissement dérogatoire est inscrit dans les capitaux propres, en provisions réglementées, au passif du bilan. Lorsqu'à la fin du plan d'amortissement, l'annuité comptable devient supérieure à l'annuité dégressive, la différence est compensée par une reprise de même montant, fiscalement imposable, opérée sur la provision pour amortissement dérogatoire. Au terme du plan d'amortissement comptable, la provision pour amortissement dérogatoire a été entièrement reprise.

Tableau 3.1. – Fonctionnement du compte de provision pour amortissement dérogatoire

Nous prenons l'exemple d'une entreprise qui acquiert une machine pour un prix de 10 000 euros, dont la durée d'amortissement fiscalement admise est de cinq ans, pouvant bénéficier de l'amortissement dégressif. L'amortissement linéaire est de 20 % par an, soit 2 000 euros. Le taux d'amortissement dégressif est de 35 %, appliqué la première année à la valeur d'origine, puis les années suivantes à la valeur résiduelle.

Exercices	Annuité d'amortissement linéaire (à l'actif du bilan)	Annuité d'amortissement fiscalement déductible	Montant à inscrire dans la provision pour amortissement dérogatoire
N	2 000	3 500	+1 500
N+1	2 000	2 275	+275
N+2	2 000	1 479	−521
N+3	2 000	1 373	−627
N+4	2 000	1 373	−627
Totaux	10 000	10 000	0

Provision spéciale de l'article 238 bis J du CGI : en étudiant la rubrique « Écarts de réévaluation », nous avons vu que celle-ci inclut la réserve de réévaluation des entreprises ayant procédé, en application de l'article 238 bis I du CGI, à la réévaluation de leurs immobilisations *non amortissables*, y compris les titres de participation, dans les écritures du premier exercice clos à dater du 31 décembre 1976 ou des trois exercices suivants. L'article 238 bis J du CGI étend les dispositions de l'article 238 bis I à la réévaluation des *immobilisations amortissables* dans les écritures des mêmes exercices. Les plus-values de réévaluation des immobilisations amortissables sont portées directement, en franchise d'impôt, à une provision spéciale au passif du bilan. La provision spéciale est rapportée aux résultats des exercices ouverts à compter du 1er janvier 1977, au fur et à mesure de l'amortissement des immobilisations réévaluées. En cas de cession, la fraction résiduelle de la provision correspondant à l'élément cédé est rapportée en totalité aux résultats de l'exercice.

Provision pour prêts d'installation consentis aux anciens salariés : les entreprises pouvaient constituer dans leurs capitaux propres, en provisions réglementées, une provision spéciale lorsqu'elles consentaient des prêts à taux privilégié à des entreprises industrielles, commerciales ou artisanales, petites ou moyennes, fondées par des membres de leur personnel ou celui de sociétés liées, ou lorsqu'elles investissaient dans le capital de ces entreprises. Cette possibilité a été supprimée par la loi n° 2018-1317 du 28 décembre 2018 (article 30) pour les exercices ouverts à compter du 1er janvier 2019. Les provisions constituées antérieurement ne font pas l'objet d'une reprise, mais sont rapportées aux résultats de manière échelonnée, selon les règles en vigueur lors de leur constitution.

Provisions pour risques afférents aux opérations de crédit à moyen et long terme calculées forfaitairement : la loi n° 2013-1278 du 29 décembre 2013 a supprimé, à compter des exercices clos le 31 décembre 2013, la possibilité de constituer des provisions forfaitaires admises jusque-là dans deux cas particuliers. Les banques et établissements de crédit pouvaient constituer une provision forfaitaire égale à 5 % du bénéfice comptable de l'exercice, pour leurs risques afférents aux opérations de crédit à moyen et à long terme. Les entreprises industrielles et commerciales pouvaient constituer des provisions forfaitaires à hauteur de 10 % du montant des crédits à moyen terme qu'elles avaient consentis pour le règlement des ventes ou des travaux effectués à l'étranger dont les résultats étaient imposables en France.

Différence entre ces provisions forfaitaires (supprimées) et les provisions pour créances douteuses ou litigieuses (fiscalement admises) : ces provisions forfaitaires, supprimées, qui figuraient en provisions réglementées au passif sont à distinguer des provisions pour créances douteuses (mauvaise situation du débiteur) ou litigieuses (désaccord du débiteur sur le principe ou le montant de la créance) inscrites à l'actif en déduction des postes de débiteurs concernés. Lorsque les conditions de leur constitution sont réunies (cf. chapitre 3, section 2), les provisions pour créances douteuses ou litigieuses sont déductibles fiscalement.

SECTION 2 – Autres fonds propres

Le formulaire n° 2051 mentionne les produits des émissions des titres participatifs et les avances conditionnées.

Produits des émissions des titres participatifs : régis par les articles L213-32 à L213-35 du CMF et L228-36 et L228-37 du C. com., les titres participatifs ne peuvent être émis que par un nombre limité de sociétés, notamment les sociétés par actions appartenant au secteur public, les sociétés anonymes coopératives, les banques mutualistes ou coopératives, les établissements publics de l'État à caractère industriel et commercial (EPIC) et les entreprises d'assurances. L'acquéreur de titres participatifs ne devient pas associé ou actionnaire de la société émettrice. Ces titres sont négociables. Leur rémunération comporte une partie fixe et une partie variable, non supérieure à 40 % du montant nominal du titre, calculée par référence à des éléments relatifs à l'activité ou aux résultats de l'émetteur. Leur remboursement ne peut intervenir qu'à l'initiative de celui-ci, dans les conditions prévues au contrat d'émission, à l'expiration d'un délai qui ne peut être inférieur à sept ans. En cas de liquidation, amiable ou judiciaire, de l'émetteur, ils ne sont remboursés qu'après désintéressement complet de tous les autres créanciers, y compris les sociétés ou organismes ayant consenti des prêts participatifs.

La société qui a émis les titres participatifs les classe dans ses « Autres fonds propres », celle qui les a acquis dans ses immobilisations financières.

Les titres participatifs ne doivent pas être confondus avec les prêts (emprunts) participatifs (cf. section 4 ci-après).

Avances conditionnées : ces avances sont accordées par l'État pour faciliter le lancement de certains travaux de recherche-développement. Elles sont assorties ou non d'intérêts et sont remboursables, lors de la phase d'exploitation du projet, au-delà d'un certain seuil de rentabilité apprécié selon les critères fixés par le contrat. En cas d'échec (non-atteinte des critères de rentabilité fixés par le contrat), celui-ci entraîne l'abandon par l'État de tout ou partie de sa créance sur l'entreprise.

SECTION 3 – Provisions pour risques et charges

Ces provisions concernent des charges ou des pertes identifiées, dont la réalisation future est incertaine, ou dont le montant ne peut être déterminé, mais que des événements en cours à la clôture de l'exercice rendent probables.

Les provisions pour risques et charges se distinguent des charges à payer qui sont des passifs certains, dont il est parfois nécessaire d'estimer le montant ou l'échéance, mais avec une incertitude moindre (note sous-article 321-4, ANC, 2023). Les charges à payer, par exemple le compte « Fournisseurs – Factures non parvenues », sont rattachées aux dettes. Quant aux provisions pour dépréciation d'éléments d'actif, tels que stocks ou créances, nous avons vu qu'elles ne sont pas inscrites au passif, mais à l'actif, en déduction des postes concernés.

L'administration admet le caractère déductible de certaines provisions pour risques et charges ; par exemple, celles comptabilisées pour couvrir les indemnités qui seront dues dans le cadre de licenciements en cours pour motif personnel, à condition qu'une décision formelle, telle que la convocation à l'entretien préalable, ait été prise avant la clôture de l'exercice ; ou celles destinées à couvrir les condamnations dont la société pourrait faire l'objet dans le cas de litiges, d'ordre commercial ou autre, non tranchés à la clôture de l'exercice.

Nous examinons ci-après le cas particulier des provisions pour médailles du travail, pour charges de retraite, pour charges liées aux licenciements pour motif économique, pour travaux de gros entretien et grandes révisions et pour perte de change. En dernier lieu, nous étudierons le traitement de ces provisions dans le bilan financier.

Provision pour médailles du travail : l'entreprise doit comptabiliser une provision en vue de couvrir le montant probable des gratifications qu'elle sera amenée à verser à ses salariés lors des exercices futurs, en application de la convention collective ou d'un accord d'entreprise, à l'occasion de l'obtention de la médaille du travail. Cette provision est déductible fiscalement.

Provisions pour charges de retraite : alors que, sur le plan comptable, la constatation de provisions pour charges de retraite constitue la méthode préférentielle (article 324-1 du PCG), le Code général des impôts précise que « ne sont pas déductibles les provisions que constitue une entreprise en vue de faire face au versement d'allocations en raison du départ à la retraite ou préretraite des membres ou anciens membres de son personnel, ou de ses mandataires sociaux » (article 39, 1, 5°, premier alinéa, du CGI). Qu'une provision ait été ou non comptabilisée, l'annexe aux comptes annuels doit mentionner le montant des engagements de retraite.

Provisions pour charges liées aux licenciements pour motif économique : la partie de la provision couvrant les indemnités de licenciement qui seront dues n'est pas déductible (article 39, 1, 5°, alinéa 32). En revanche, est déductible la partie de la provision afférente à des charges non directement liées au licenciement pour motif économique, telles qu'indemnités compensatrices de préavis, de congés payés, indemnités de non-concurrence et, d'une manière générale, frais de restructuration et dépenses liées à la reconversion du personnel (BOFIP, 2012b).

Provision pour travaux de gros entretien et de grandes révisions : les dépenses de travaux nécessaires périodiquement mais non chaque année, qui n'entraînent pas un accroissement des valeurs d'actif, et qui excèdent, par leur nature et leur importance, les travaux d'entretien ou de révision entrant dans les charges normales d'un exercice, peuvent donner lieu à la constatation par avance dans les comptes d'une provision déductible (BOFIP, 2012a). Les travaux sont considérés comme probables s'ils ont fait l'objet d'une décision d'un organe exécutif de l'entreprise, ou découlent d'une obligation envers un tiers.

Lorsque les travaux ont pour contrepartie l'entrée de nouveaux éléments dans l'actif immobilisé de l'entreprise, ou l'accroissement de la valeur des éléments y figurant déjà, les dépenses correspondantes ne peuvent être constatées par avance par voie de provision, mais peuvent seulement donner lieu, une fois engagées, à un amortissement (BOFIP, précité).

Provision pour perte de change : Lors de l'examen du compte de conversion actif, nous avons évoqué cette provision. Le PCG (article 420-5) impose sa constitution, puisque la perte de change potentielle (« latente ») enregistrée dans le compte de tiers, client ou fournisseur, à la clôture de l'exercice est neutralisée par le compte de conversion actif. En revanche, sur le plan fiscal, les pertes de change latentes ne sont pas annulées. Elles sont déductibles, de la même manière que les gains de change latents sont imposables. La provision pour perte de change, qui ferait fiscalement double emploi avec la déductibilité des pertes de change latentes, n'est pas déductible.

Bilan financier : représentant les sommes que l'entreprise estime probable de devoir verser à des tiers lors d'exercices futurs, les provisions pour risques et charges s'assimilent à des dettes. Globalement, lorsque le montant total de la provision est stable d'un exercice à l'autre, les entrées compensant les sorties, il s'agira d'une dette à long terme (DLT). Compte tenu des événements couverts, chaque provision individuelle se rapprochera, également, le plus souvent d'une DLT. Néanmoins les provisions pour charges liées aux licenciements pour motif personnel ou pour motif économique, si elles ne sont pas récurrentes, ainsi que les provisions pour perte de change, s'assimilent à des dettes à court terme (DCT). Il n'y a pas de retraitement lié à l'impôt. En effet, lorsqu'elles ne sont pas déductibles, ces provisions ont supporté l'impôt, leur montant ayant été inclus dans la base de calcul de l'IS dû au titre de l'exercice. Lorsqu'elles sont déductibles, elles supportent un impôt latent puisqu'elles seront reprises lors de la réalisation de l'événement couvert (c'est la charge réelle qui sera enregistrée). Toutefois, cet impôt latent devant suivre le même reclassement en DLT ou DCT que la provision à laquelle il s'applique, il n'y a pas lieu de le calculer séparément.

SECTION 4 - Dettes

« Une dette est un passif certain dont l'échéance et le montant sont fixés de façon précise » (article 321-4, PCG).

La partie du passif relative aux dettes comprend les rubriques suivantes :

- emprunts obligataires convertibles et autres emprunts obligataires (paragraphe 1) ;
- emprunts et dettes auprès des établissements de crédit (paragraphe 2) ;
- emprunts et dettes financières diverses (dont emprunts participatifs) (paragraphe 3) ;
- avances et acomptes reçus sur commandes en cours (paragraphe 4) ;
- dettes fournisseurs et comptes rattachés (paragraphe 5) ;

- dettes fiscales et sociales (dont IS) (paragraphe 6) ;
- dettes sur immobilisations et comptes rattachés (paragraphe 7) ;
- autres dettes (paragraphe 8).

L'analyse financière reclasse ces différents postes en quatre catégories : les dettes à long terme, les dettes d'exploitation, les dettes hors exploitation et les dettes de trésorerie.

Les dettes à long terme, contractées sur le marché financier (obligations) ou auprès des banques (emprunts à long terme), répondent à la volonté de l'entreprise de disposer de ressources durables pour financer ses emplois durables, à savoir ses immobilisations. Les dettes d'exploitation, quant à elles, rentrent dans le cycle d'exploitation de l'entreprise (stocks + créances – dettes d'exploitation). Les dettes hors exploitation ne sont pas liées à la réalisation du chiffre d'affaires. Enfin, nous verrons que certaines dettes à court terme, notamment les concours bancaires courants et les soldes créditeurs des banques et CCP (La Banque Postale), sont à reclasser du point de vue de l'analyse financière en trésorerie passive (négative).

Lorsque les dettes portent intérêt (elles sont alors qualifiées de dettes financières), leur montant comprend les intérêts courus et non réglés. Ceux-ci sont à reclasser en trésorerie passive.

1. Emprunts obligataires convertibles et autres emprunts obligataires

Les obligations sont des emprunts, représentés par des « titres négociables », émis par les entreprises (ou les États) sur les marchés financiers, « qui, dans une même émission, confèrent les mêmes droits de créance pour une même valeur nominale » (article L213-5, CMF). Les obligations sont émises à plus d'un an.

Obligations convertibles : le détenteur d'obligations convertibles, émises par une société, possède le droit mais non l'obligation de convertir ses obligations en un nombre déterminé d'actions de la même société pendant une période déterminée. En l'absence d'option, les obligations conservent les caractéristiques fixées dans le contrat d'émission. Lorsque les obligations sont *échangeables*, elles peuvent être converties en actions de la société émettrice pendant toute leur durée de vie, et non seulement durant une certaine période. Lorsque la probabilité de conversion est élevée, les obligations convertibles ou échangeables peuvent être assimilées à des capitaux propres.

Lorsque les obligations sont remboursables, sur option, en actions d'une autre société, elles conservent leur caractère de dettes. En effet, elles seront remboursées soit par la remise d'actions de l'autre société soit par le versement de liquidités. Dans l'une ou l'autre de ces hypothèses, ces obligations n'ont pas vocation à intégrer les capitaux propres de la société qui les a émises.

Autres emprunts obligataires : sous cette rubrique nous trouvons les obligations de type classique, remboursables en numéraire à leur échéance.

2. Emprunts et dettes auprès des établissements de crédit

Contrairement aux obligations, qui sont toutes émises à l'origine à long terme, l'endettement auprès des établissements de crédit (ligne DU de l'imprimé n° 2051) comprend une partie empruntée à long terme et l'autre à court terme.

Concours bancaires courants et soldes créditeurs des banques et CCP : ils sont compris dans le chiffre global de la ligne DU. Leur montant doit être mentionné distinctement ligne EH (notes au bas du formulaire n° 2051).

Ventilation du chiffre global figurant ligne DU entre long terme et court terme : le formulaire n° 2057 ventile l'endettement auprès des établissements de crédit entre celui contracté à une échéance d'un an maximum à l'origine (ligne VG) et celui contracté à une échéance supérieure à un an à l'origine (ligne VH).

La ligne VH est elle-même ventilée entre la fraction arrivant à échéance à moins d'un an à compter de la clôture du bilan, celle arrivant à échéance à plus d'un an et à moins de cinq ans, et celle arrivant à échéance à plus de cinq ans.

Du point de vue financier, la ligne VG et la partie de la ligne VH relative à l'endettement arrivant à échéance à moins d'un an, constituent des dettes de trésorerie. L'inclusion dans les dettes de trésorerie d'une partie de la ligne VH est parfois contestée, dans la mesure où les entreprises ont souvent pour objectif de maintenir un niveau constant d'endettement à long terme, et cherchent donc à renouveler ce type de crédits lorsqu'il arrive à échéance.

3. Emprunts et dettes financières diverses (dont emprunts participatifs)

Cette rubrique comprend principalement les dépôts et cautionnements reçus, les comptes courants d'associés, les avances dont bénéficie la société de la part des autres sociétés de son groupe, et les emprunts participatifs.

Dépôts et cautionnements reçus : ce sont les sommes que l'entreprise a reçues à titre de garantie et qu'elle sera amenée à restituer ultérieurement, sauf mise en œuvre de la garantie. Il s'agit, par exemple, du versement qu'un bailleur demande à son locataire en début de bail pour garantir les dégradations ou les impayés éventuels. Ce sont donc des dettes à long terme.

Comptes courants d'associés : les sommes que les associés mettent à la disposition de la société, en sus de leur part dans le capital, ont souvent un caractère durable, notamment dans les PME. En l'absence d'information contraire, elles sont donc à considérer comme des dettes à long terme. Les intérêts versés aux associés sont déductibles fiscalement dans la limite d'un taux maximal fixé pour chaque exercice dans les conditions prévues à l'article 39, 1, 3°, alinéa premier du CGI.

Avances consenties par les sociétés du même groupe : L'article L511-7, 3, du CMF précise que, par dérogation aux dispositions selon lesquelles seuls les établissements de crédit peuvent effectuer des opérations de crédit à titre habituel, toute « entreprise, quelle que soit sa nature, peut procéder à des opérations de trésorerie avec des sociétés ayant avec elle, directement ou indirectement, des liens de capital conférant à l'une des entreprises liées un pouvoir de contrôle effectif sur les autres ». De fait, à l'intérieur d'un groupe, les sociétés ayant des besoins de financement ponctuels s'adressent, en premier lieu, aux sociétés du même groupe disposant d'excédents ponctuels. Ces avances à court terme sont à classer en trésorerie négative (passive) chez la société emprunteuse. Les intérêts versés par l'entreprise sont déductibles fiscalement dans la limite d'un taux maximal déterminé dans les conditions prévues à l'article 212 du CGI.

Emprunts participatifs : ce sont des prêts consentis à l'entreprise dont la rémunération est composée d'un intérêt fixe pouvant être majoré, dans les conditions déterminées par le contrat, « notamment par le jeu d'une clause de participation au bénéfice net de l'emprunteur ou au bénéfice réalisé par l'emprunteur lors de l'utilisation des biens dont l'acquisition a été financée totalement ou partiellement par le prêt ou à la plus-value réalisée lors de leur cession ou sous forme de rétrocession de la marge réalisée » (article L313-17, alinéa premier, CMF).

Les emprunts participatifs constituent une dette subordonnée de dernier rang. « En cas de liquidation amiable, de liquidation judiciaire, de sauvegarde ou de redressement judiciaire par cession de l'entreprise débitrice, les [titulaires de] prêts participatifs ne sont remboursés qu'après désintéressement complet de tous les autres créanciers » (article L313-15, CMF). Ils ont toutefois priorité sur les propriétaires de titres participatifs (article L228-36, alinéa 4, C. com.). « En cas de procédures de sauvegarde ou de redressement judiciaire par continuation de l'entreprise débitrice, le remboursement des prêts participatifs et le paiement des rémunérations prévues sont suspendus pendant toute la durée d'exécution [du plan] » (article L313-16, CMF).

L'administration fiscale classe les emprunts participatifs parmi les dettes de l'entreprise. Le Conseil national de la comptabilité (auquel a succédé l'ANC) avait estimé de même que, « quelle que soit la base de calcul de la rémunération du prêteur, [les emprunts participatifs] demeurent une dette pour l'emprunteur, dont la rémunération est une charge financière représentative du coût des capitaux empruntés, cette analyse [étant] valable pour tout type de prêt participatif, et tout type de rémunération, fixe ou participante » (Banque de France, 2021).

Toutefois selon l'article L313-14, alinéa 2, du CMF, « [les emprunts participatifs] sont, au regard de l'appréciation de la situation financière des entreprises qui en bénéficient, assimilés à des fonds propres ».

4. Avances et acomptes reçus sur commandes en cours

Ce compte, qui fait partie des dettes d'exploitation, enregistre les avances et acomptes reçus par l'entreprise de ses clients sur les commandes, travaux ou services restant à exécuter.

5. Dettes fournisseurs et comptes rattachés

Ce sont des dettes d'exploitation. Le solde du compte « Fournisseurs » indique le montant des factures non encore réglées par l'entreprise. Le compte « Fournisseurs – Factures non parvenues » enregistre la dette relative à des biens qui ont été livrés à l'entreprise ou à des services qui lui ont été rendus, mais pour lesquels elle n'a pas encore reçu la facture. Les dettes fournisseurs sont comptabilisées TTC.

6. Dettes fiscales et sociales (dont IS)

Les dettes fiscales comprennent principalement le montant de la TVA due à l'État à la clôture de l'exercice, qui fait partie des dettes d'exploitation, et le solde d'impôt sur les sociétés (IS) restant à régler, qui ne relève pas du cycle d'exploitation, mais de la répartition du résultat de l'entreprise.

Les dettes sociales sont constituées principalement des dettes envers la Sécurité sociale et les autres organismes sociaux, et des rémunérations restant dues au personnel, qui ont le caractère de dettes d'exploitation, ainsi que de la réserve spéciale de participation.

Réserve spéciale de participation : la participation est un dispositif obligatoire pour les entreprises employant au moins 50 salariés. En principe, elle s'applique dès que l'entreprise remplit la condition d'effectif. Toutefois, « dans les entreprises nouvelles, dont la création ne résulte pas d'une fusion, totale ou partielle, d'entreprises préexistantes, les accords de participation sont conclus à partir du troisième exercice clos après leur création » (article L3322-5 du Code du travail).

La réserve de participation est calculée sur le résultat de l'exercice et répartie entre les salariés au cours de l'exercice suivant. Elle est déductible fiscalement lors de sa répartition (article 237 bis A, I, du CGI). Dans les accords de droit commun, sa formule de calcul est la suivante :

$$R = \frac{1}{2} (B - 5\ \%\ C) \times (S/VA)$$

Où (R) représente la réserve de participation, (B) le bénéfice net de l'entreprise (bénéfice fiscal de l'exercice imposable au taux de droit commun, après imputation des déficits antérieurs, diminué de l'impôt correspondant), (C) ses capitaux propres, (S) les salaires et (VA) la valeur ajoutée de l'entreprise (article L3324-1 du Code du travail). Il résulte de cette formule que la constitution d'une réserve de participation est subordonnée à l'existence d'un bénéfice net supérieur à 5 % des capitaux propres.

À la clôture de l'exercice, l'entreprise enregistre le montant de la participation, dans ses dettes au passif du bilan, et dans ses charges au compte de résultat. Le salarié est assujetti à l'impôt sur le revenu sur les sommes dont il demande le versement immédiat. Il en est exonéré lorsqu'il opte pour leur indisponibilité pendant une période de blocage fixée en principe à cinq ans.

La participation des salariés, calculée sur le résultat de l'entreprise, se situe hors exploitation. Étant répartie au cours de l'exercice suivant celui de sa constitution (versement ou affectation à un plan d'épargne salariale), c'est une dette à court terme. Toutefois, en cas de présence régulière de la participation à la clôture d'exercices successifs, celle-ci peut être considérée comme une ressource stable, à long terme. Cette assimilation à des dettes à long terme est néanmoins critiquée par certains auteurs, dans la mesure où les fonds quittent l'entreprise lors de leur répartition et ne sont donc plus à sa disposition.

7. Dettes sur immobilisations et comptes rattachés

Ce compte enregistre les dettes à court terme auprès de fournisseurs d'immobilisations. Elles se situent hors exploitation.

8. Autres dettes

Cette rubrique inclut notamment les dividendes restant à payer aux associés ou actionnaires. Constituant une affectation du résultat net, les dividendes sont des dettes hors exploitation. En principe, ce poste ne comprend pas le dividende décidé par l'assemblée générale annuelle, tenue en année N, statuant sur les comptes de l'exercice N−1, puisque son paiement doit intervenir dans un délai maximal de neuf mois après la clôture de l'exercice examiné. À la clôture de l'exercice N, ce dividende doit donc avoir été payé depuis au moins trois mois. En revanche il peut s'agir, par exemple, d'un dividende intercalaire (article L232-12, alinéa 2, C. com.) ou d'une distribution de réserves, restant à verser aux actionnaires.

SECTION 5 – Compte de régularisation – Produits constatés d'avance

Ce poste de passif est la contrepartie de l'annulation, dans le compte de résultat, des produits qui y ont été enregistrés mais qui concernent l'exercice suivant. Il s'agit souvent de ventes facturées en fin d'année pour des marchandises qui ne seront livrées ou des prestations de services qui ne seront réalisées qu'au début de l'année suivante. Si l'enregistrement de la vente dans le compte client doit bien s'effectuer au moment de la facturation, en revanche, en vertu du principe d'indépendance des exercices, le produit appartient aux résultats de l'exercice suivant. À la clôture de l'exercice N, une écriture de régularisation retirera le produit du compte de résultat pour le transférer au passif du bilan (compte « Produits constatés d'avance »). À l'ouverture de l'exercice N+1, une écriture inverse portera le produit dans le compte de résultat de cet exercice. Sauf information contraire, le compte « Produits constatés d'avance » est à rattacher aux dettes d'exploitation.

SECTION 6 – Écarts de conversion - passif

Ce poste, qui concerne les gains de change potentiels, fonctionne de façon opposée au compte « Écart de conversion actif », relatif aux pertes de change potentielles. Nous avons vu que les dettes ou les créances de la société libellées en monnaie étrangère sont converties en euros, au cours du jour, lors de leur enregistrement en comptabilité. En fin d'exercice, la créance (non encaissée) ou la dette (non réglée) fait l'objet d'une nouvelle évaluation en euros. Une écriture comptable porte les gains de change dans le compte de tiers concerné (client ou fournisseur), de façon que ce compte reflète sa véritable contre-valeur en euros à la clôture de l'exercice, ainsi que dans un compte « Écart de conversion passif », pour neutraliser ce gain seulement potentiel. Cette écriture est extournée au début de l'exercice suivant.

L'analyse financière considère que l'évaluation des créances et des dettes, en monnaie étrangère, à leur contre-valeur en euros à la date d'établissement du bilan procure une vision plus juste des capitaux propres de l'entreprise. Dans cette optique, l'écart de conversion passif, qui est maintenu, n'a pas pour but de neutraliser un gain potentiel, mais constitue un complément de capitaux propres. Sur le plan fiscal, les gains et pertes de change potentiels (ou « latents ») contribuent à la détermination du résultat imposable. Les gains de cette nature ayant déjà été imposés, il n'y a pas lieu de déduire, une nouvelle fois, l'impôt.

SECTION 7 – État récapitulatif des retraitements à effectuer

Nous reprenons l'ensemble des postes du passif, dans l'ordre du bilan.

BFR = Besoin en fonds de roulement ; DCT = dettes à court terme ;

DLT = dettes à long terme ; l'impôt latent à prendre en compte est de 25 %, sauf précision contraire.

Tableau 3.2 – Liste des retraitements à effectuer – passif du bilan

CAPITAUX PROPRES	
Capital social	Pas de retraitement
Primes d'émission, de fusion, d'apports	Pas de retraitement
Écarts de réévaluation	Pas de retraitement
- *Dont écart de réévaluation de l'article 238 bis JB du CGI*	*Impôt latent à déduire des capitaux propres et à porter en DLT*

Réserve légale	Pas de retraitement
Réserves statutaires ou contractuelles	Pas de retraitement

Réserves réglementées	
- *Dont réserve spéciale des provisions pour fluctuation des cours*	*Impôt latent à déduire des capitaux propres et à porter en DLT*
- *Dont réserve spéciale des plus-values à long terme*	*Impôt latent (6 %) à déduire des capitaux propres et à porter en DLT*

Autres réserves	
- *Dont réserve relative à l'achat d'œuvres originales d'artistes vivants*	*Impôt latent à déduire des capitaux propres et à porter en DLT*
- *Dont provision de propre assureur*	*Pas de retraitement*
Report à nouveau	Pas de retraitement
Résultat de l'exercice	Pas de retraitement
Subventions d'investissement	Impôt latent à déduire des capitaux propres et à porter en DLT
Provisions réglementées	
- *Dont provision pour hausse des prix*	*Impôt latent à déduire des capitaux propres et à porter en DLT*
- *Dont provision pour amortissement dérogatoire*	*Impôt latent à déduire des capitaux propres et à porter en DLT*
- *Dont provision spéciale de l'article 238 bis J du CGI*	*Impôt latent à déduire des capitaux propres et à porter en DLT*
- *Dont provision pour prêts d'installation consentis aux anciens salariés*	*Impôt latent à déduire des capitaux propres et à porter en DLT*

- *Provisions pour risques afférents aux opérations de crédit à moyen et long terme, calculées forfaitairement*	*Pour mémoire, disposition fiscale supprimée*

AUTRES FONDS PROPRES	
Produits des émissions de titres participatifs	Pas de retraitement
Avances conditionnées	Pas de retraitement

PROVISIONS POUR RISQUES ET CHARGES	
- *Dont provision pour litige*	*À porter en DLT*
- *Dont provision pour médailles du travail*	*À porter en DLT*
- *Dont provisions pour charges de retraite*	*À porter en DLT*
- *Dont provisions pour charges liées aux licenciements pour motif personnel ou économique*	*BFR hors exploitation ; en cas de récurrence de cette provision, à porter en DLT*
- *Dont provisions pour travaux de gros entretien et de grandes révisions*	*À porter en DLT*
- *Dont provision pour perte de change*	*BFR (dette du cycle d'exploitation)*

DETTES	
- *Dont intérêts courus (et non réglés)*	*À porter en dettes de trésorerie*
Emprunts obligataires convertibles	À assimiler à des capitaux propres si la probabilité de conversion en actions de la société est élevée
Autres emprunts obligataires	À porter en DLT
Emprunts et dettes auprès des établissements de crédit	À ventiler entre DLT et dettes de trésorerie

Emprunts et dettes financières diverses	
- *Dont dépôts et cautionnements reçus*	*À porter en DLT*
- *Dont comptes courants d'associés créditeurs*	*À porter en DLT*
- *Dont avances consenties par les sociétés du même groupe, considérées comme non durables à l'origine*	*À porter en dettes de trésorerie*
- *Dont emprunts participatifs*	*Assimilés à des fonds propres par le CMF*
Avances et acomptes reçus sur commandes en cours	BFR (dettes du cycle d'exploitation)

Dettes fournisseurs et comptes rattachés	BFR (dettes du cycle d'exploitation)
Dettes fiscales et sociales	BFR (dettes du cycle d'exploitation)
- *Dont TVA due à l'État*	*BFR (dette du cycle d'exploitation)*
- *Dont dette d'IS*	*BFR hors exploitation*
- *Dont rémunérations dues au personnel*	*BFR (dettes du cycle d'exploitation)*
- *Dont réserve spéciale de participation*	*BFR hors exploitation ; si montant stable, à porter en DLT*
Dettes sur immobilisations et comptes rattachés	BFR hors exploitation
Autres dettes	BFR (dettes du cycle d'exploitation)
- *Dont dividendes à payer*	*BFR hors exploitation*

COMPTE DE RÉGULARISATION	
Produits constatés d'avance	BFR (dettes du cycle d'exploitation)

ÉCARTS DE CONVERSION - PASSIF	À remonter dans les capitaux propres

CHAPITRE 4
LE BILAN FINANCIER

Ayant défini les différents retraitements dont les postes d'actif et de passif du bilan comptable doivent faire l'objet, nous sommes en mesure désormais d'établir le bilan financier.

Sa construction fait l'objet de la section 1. Nous étudierons ensuite les différentes notions qu'il permet de mettre en évidence : le fonds de roulement (section 2), le besoin en fonds de roulement (section 3), l'actif économique (section 4) et, enfin, la trésorerie (section 5).

SECTION 1 – La construction du bilan financier

La première étape consiste à constituer différents sous-ensembles à partir du bilan comptable :

- immobilisations hors exploitation (paragraphe 1) ;
- immobilisations d'exploitation (paragraphe 2) ;
- non-valeurs de l'actif immobilisé (paragraphe 3) ;
- besoin en fonds de roulement d'exploitation (paragraphe 4) ;
- besoin en fonds de roulement hors exploitation (paragraphe 5) ;
- trésorerie active (paragraphe 6) ;
- non-valeurs du bas de l'actif (paragraphe 7) ;
- fonds propres (paragraphe 8) ;
- dettes à long terme (paragraphe 9) ;
- trésorerie passive (paragraphe 10).

La construction du bilan financier à partir de ces sous-ensembles fait l'objet du paragraphe 11.

1. Les immobilisations hors exploitation

Ce sont celles qui ne contribuent pas au chiffre d'affaires de l'entreprise, représenté par la vente de marchandises, de produits ou de services. Dans le contexte d'une activité commerciale ou industrielle, figurent sous cette rubrique les postes suivants :

Avances et acomptes sur immobilisations incorporelles.

Avances et acomptes sur immobilisations corporelles.

Les sommes versées sous ces deux rubriques correspondent à des immobilisations dont l'entreprise ne dispose pas encore et qui, en conséquence, ne contribuent pas à son activité.

Immobilisations en cours : de même, les immobilisations en cours ne sont pas encore productrices d'avantages économiques pour l'entreprise.

Immobilisations financières : a priori, les actions ou parts sociales qu'une entreprise détient dans le capital d'autres sociétés, ou les prêts qu'elle leur a consentis, ne jouent aucun rôle dans la conduite de ses propres activités. Les revenus que ces actifs lui procurent, dividendes ou intérêts, ne rentrent pas dans son chiffre d'affaires mais dans ses produits financiers. Ce sont des actifs hors exploitation, qui constituent des immobilisations lorsqu'ils ont été acquis ou consentis à l'origine dans une perspective de long terme. Toutefois, la fraction des prêts, créances et autres immobilisations financières arrivant à échéance à moins d'un an doit être reclassée en trésorerie positive à l'actif. Le renseignement nécessaire figure dans le formulaire n° 2057 (lignes UM, UR et UV).

2. Les immobilisations d'exploitation

Il s'agit, au sein des immobilisations corporelles, des postes « Terrains », « Constructions », « Installations techniques, matériels et outillage industriels » et « Autres immobilisations corporelles », et au sein des immobilisations incorporelles, des postes « Concessions, brevets et droits similaires » et « Fonds commercial ».

Comme précisé dans le chapitre 2, il convient d'y inclure 75 % des engagements de crédit-bail mentionnés dans le formulaire n° 2058-C, ligne YQ pour les crédits-bails mobiliers, et ligne YR pour les crédits-bails immobiliers.

Enfin, doivent également y être rattachées les « Charges à répartir sur plusieurs exercices », à l'exception des frais d'émission des emprunts, lorsqu'elles représentent effectivement des charges non répétitives, en contrepartie desquelles l'entreprise attend des avantages économiques futurs qui se produiront sur plusieurs exercices.

3. Les non-valeurs de l'actif immobilisé

Le poste « Frais d'établissement », et sous réserve d'informations contraires, les postes « Frais de recherche et de développement » et « Autres immobilisations incorporelles » (fichiers clients) sont à considérer comme des non-valeurs. Ils sont à supprimer de l'actif, et le même montant doit être retranché des capitaux propres. Le même traitement est à appliquer au poste « Actions propres ou parts (sociales) propres en voie d'annulation ».

4. Le besoin en fonds de roulement (BFR) d'exploitation

Il est également appelé besoin de financement d'exploitation (BFE). Nous rappelons qu'il correspond à la partie des actifs d'exploitation (stocks et créances clients) non financée par des ressources d'exploitation (dettes fournisseurs essentiellement). En règle générale, il figure à l'actif, car il est positif, les stocks et créances étant supérieurs aux dettes d'exploitation. S'il est négatif, il figure au passif.

Les actifs entrant dans sa composition sont les suivants :

- l'ensemble des postes de stocks, à savoir « Matières premières et autres approvisionnements », « Encours de production de biens », « Encours de production de services », « Produits intermédiaires et finis », « Marchandises » ;
- le poste « Avances et acomptes versés sur commandes » et le poste « Clients et comptes rattachés », augmenté du montant des effets portés à l'escompte et non échus (EENE) ;
- le poste « Autres créances », à l'exception de la créance d'IS, des créances sur cession d'immobilisations et des avances en compte courant, que l'entreprise consent aux sociétés de son groupe, qui ne sont pas considérées comme durables à l'origine ;
- les « Charges constatées d'avance », à l'exception des charges financières (recouvrant des intérêts) qui sont hors exploitation.

Quant aux passifs entrant dans la composition du BFR d'exploitation, à déduire des actifs figurant ci-dessus, il s'agit des postes suivants :

- la provision pour perte de change ;
- les postes « Avances et acomptes reçus sur commandes en cours » et « Dettes fournisseurs et comptes rattachés » ;
- le poste « Dettes fiscales et sociales », à l'exception de la dette d'IS et de la réserve spéciale de participation ;
- le poste « Autres dettes » à l'exception des dividendes à payer ;
- et, en l'absence d'information contraire, le poste « Produits constatés d'avance ».

5. Le besoin en fonds de roulement (BFR) hors exploitation

Le BFR hors exploitation (ou besoin de financement hors exploitation BFHE) correspond à l'excédent des actifs à court terme hors exploitation sur les dettes à court terme de même nature. Il regroupe des éléments disparates, dont la seule caractéristique commune est de ne pas participer à l'activité de l'entreprise.

Les actifs entrant dans sa composition sont les suivants :

- la créance d'IS, les créances sur cession d'immobilisations, les charges constatées d'avance de nature financière (intérêts) ;
- les actions propres incluses dans le poste « Valeurs mobilières de placement » qui, contrairement aux autres actifs présents dans ce poste, ne répondent à aucun objectif de trésorerie.

Quant aux passifs, à déduire des actifs ci-dessus, il s'agit des postes suivants :

- la provision pour charges liées aux licenciements (si celle-ci n'est pas récurrente), la dette d'IS, la réserve spéciale de participation (si son montant n'est pas stable d'un exercice à l'autre), les « Dettes sur immobilisations et comptes rattachés » et les dividendes à payer.

Dans la présentation du bilan financier, le BFR hors exploitation doit être isolé lorsqu'il représente un montant significatif qui risque de fausser l'interprétation du BFR global.

6. La trésorerie active

Celle-ci comprend les postes « Valeurs mobilières de placement » (à l'exception des actions propres), « Disponibilités », « Capital souscrit non appelé » et « Capital souscrit et appelé , non versé », la partie du poste « Autres immobilisations financières » constituée des prêts venant à échéance à moins d'un an, ainsi que la partie du poste « Autres créances » constituée des avances en compte courant, que l'entreprise consent aux sociétés de son groupe, qui ne sont pas considérées comme durables à l'origine.

7. Les non-valeurs du bas de l'actif

Il s'agit des frais d'émission des emprunts (à extraire du poste « Charges à répartir sur plusieurs exercices »), ainsi que des postes « Prime de remboursement des obligations » et « Écart de conversion actif ». Ces non-valeurs doivent être retranchées de l'actif et, pour respecter l'équilibre du bilan, le même montant sera déduit des capitaux propres.

8. Les fonds propres

Avec les fonds propres, nous abordons la partie passive (ou ressources) du bilan.

Les rubriques « Capitaux propres » et « Autres fonds propres », telles qu'elles se présentent dans le formulaire n° 2051, sont à reprendre en intégralité.

Doivent y être ajoutés les emprunts obligataires convertibles, si la probabilité de conversion est élevée, ainsi que les emprunts participatifs et l'écart de conversion passif.

Sont, en revanche, à déduire l'ensemble des non-valeurs identifiées à l'occasion de la revue de l'actif (cf. paragraphes 3, « Non-valeurs de l'actif immobilisé », et 7, « Non-valeurs du bas de l'actif »).

L'impôt latent que supportent certains postes de capitaux propres est également à déduire et à porter en DLT (cf. chapitre 3, section 7). Le taux d'impôt à retenir est de 25 %, sauf en ce qui concerne la réserve spéciale des plus-values à long terme qui, ayant déjà été imposée à 19 %, supporte un supplément d'impôt latent de 6 %.

9. Les dettes à long terme

Cette rubrique inclut les dettes que l'entreprise a contractées pour assurer son financement sur le long terme, ainsi que les provisions qu'elle a comptabilisées pour faire face à des charges ou des risques probables. Même s'il ne s'agit pas de leur objet, ces dernières contribuent également, de façon durable, au financement de l'entreprise.

Dettes à long terme : elles recouvrent les postes suivants :

- « Autres emprunts obligataires » c'est-à-dire non convertibles ;
- « Emprunts et dettes auprès des établissements de crédit », à l'exception de ceux arrivant à échéance à moins d'un an à la clôture de l'exercice ;
- la partie des « Emprunts et dettes financières diverses » composée des dépôts et cautionnements reçus et des comptes courants d'associés créditeurs, à l'exception des avances en compte courant reçues par l'entreprise des autres sociétés de son groupe considérées comme non durables à l'origine.
- Nous y trouvons également l'ensemble des impôts latents déduits des capitaux propres pour être portés en DLT.

Provisions : sont assimilables à des dettes à long terme :

- les provisions pour litiges, pour médailles du travail, pour charges de retraite, pour charges liées aux licenciements (en cas de récurrence de cette provision) et pour travaux de gros entretien et de grandes révisions.

- Nous y ajoutons la réserve spéciale de participation si son montant est stable d'un exercice à l'autre.

Intérêts courus et non réglés : les intérêts courus et non réglés, inclus dans le montant des dettes au passif, doivent être déduits de ces dernières et portés en trésorerie passive.

10. La trésorerie passive

Il s'agit tout d'abord des emprunts et dettes contractés auprès des établissements de crédit, venant à échéance à moins d'un an à la clôture de l'exercice, et des avances en compte courant reçues par l'entreprise des autres sociétés de son groupe, considérées comme non durables à l'origine.

Il convient aussi d'y inclure les intérêts courus et non réglés déduits du montant des DLT.

Enfin, de façon à représenter son niveau réel, la trésorerie négative doit être majorée du montant des effets portés à l'escompte et non échus (EENE) figurant en engagements hors bilan. Nous rappelons que ceux-ci sont également ajoutés au compte clients lors de la détermination du BFR (cf. paragraphe 4 ci-dessus).

11. Le bilan financier

À la suite de l'ensemble de ces retraitements, le bilan financier se présente ainsi :

Tableau 4.1 – Bilan financier schématique

ACTIF	PASSIF
Immobilisations hors exploitation	Fonds propres
Immobilisations d'exploitation	Dettes à long terme (DLT)
BFR hors exploitation (si positif)	BFR hors exploitation (si négatif)
BFR d'exploitation (si positif)	BFR d'exploitation (si négatif)
Trésorerie active	Trésorerie négative
Total actif	Total passif

Ce document permet de disposer de quatre données financières importantes : le fonds de roulement, le besoin en fonds de roulement, l'actif économique et la trésorerie.

Le besoin en fonds de roulement et la trésorerie apparaissent en lecture directe, les deux autres données se calculent aisément. Nous allons examiner successivement chacune de ces données.

SECTION 2 – Le fonds de roulement

Le fonds de roulement (FDR), en anglais *working capital*, représente l'excédent des capitaux permanents sur les immobilisations.

Les capitaux permanents se composent des capitaux propres et des dettes à long terme. Leur première composante, les capitaux propres, constitue pour l'entreprise la source de financement la plus sûre. En effet, en dehors de quelques cas particuliers (amortissement ou réduction du capital), le capital social n'est remboursé aux actionnaires qu'à la liquidation de la société où il bénéficie de la priorité de remboursement la plus basse. Les actionnaires peuvent décider en outre, pour financer la société, de ne pas prélever de dividendes et de laisser les bénéfices à sa disposition. De son côté, la souscription d'un emprunt augmente les charges fixes de l'entreprise, qui doit régler les intérêts périodiques et respecter les échéances de remboursement du capital emprunté convenues avec la banque. Néanmoins, les parties stipulent généralement un rythme de remboursement compatible avec les flux de trésorerie attendus de l'immobilisation financée. Il peut s'agir aussi de crédits *in fine*. Dans ce cas, le capital emprunté est remboursé en une seule fois, à l'échéance du prêt, et, pendant la durée de celui-ci, seuls les intérêts sont versés.

D'un point de vue pratique, il n'est pas possible d'isoler, à l'intérieur des capitaux permanents, ceux servant à financer les immobilisations d'exploitation et ceux qui seraient affectés aux immobilisations hors exploitation. Le fonds de roulement se calcule donc, globalement, en prenant en compte l'ensemble des capitaux permanents et l'ensemble des immobilisations.

Le fonds de roulement doit être positif, c'est-à-dire que le montant des capitaux permanents doit être supérieur à celui des immobilisations. En effet, d'une part, la logique financière exige que les emplois durables, représentés par les immobilisations, qu'elles soient d'exploitation ou hors exploitation, soient financés en totalité par des ressources durables, et, d'autre part, la prudence exige que ces ressources durables dégagent un excédent permettant de financer la partie récurrente du BFR, notion que nous examinerons dans la section 3 ci-après.

Fonds de roulement et formulaires n°s 2050 et 2051 : le fonds de roulement n'apparaît pas en tant que tel dans les formulaires fiscaux. Il peut se déduire de la comparaison entre l'actif immobilisé (sur le formulaire n° 2050) et les différents postes de capitaux permanents (de « Capital social » à « Emprunts et dettes financières diverses » sur le formulaire n° 2051). Cependant, il s'agit d'une approximation car dans une analyse financière ces différents postes font l'objet de retraitements.

Le fonds de roulement dans le bilan financier : il n'apparaît pas en tant que tel (cf. tableau 4.1). Ce sont ses composants qui y figurent : immobilisations hors exploitation, immobilisations d'exploitation, fonds propres et DLT.

Lorsque le fonds de roulement est mis en évidence et qu'il apparaît au lieu de ses composants, le bilan financier se présente de la façon suivante :

Tableau 4.2 – Bilan financier schématique faisant apparaître le FDR

ACTIF	PASSIF
Fonds de roulement (si négatif)	Fonds de roulement (si positif)
BFR (si positif)	BFR (si négatif)
Trésorerie active	Trésorerie passive
Total actif	Total passif

Lorsque le fonds de roulement est positif (excédent des capitaux permanents sur les immobilisations), il se situe au passif en ressource. Lorsqu'il est négatif (les capitaux permanents ne couvrent pas les immobilisations en totalité), il figure à l'actif en emploi.

SECTION 3 – Le besoin en fonds de roulement (BFR)

L'activité de l'entreprise se caractérise par un enchaînement d'opérations désigné sous l'appellation de « cycle d'exploitation ». Pendant les différentes étapes d'un même cycle (approvisionnement, production, vente), l'entreprise engage des dépenses (achats de marchandises, de matières premières, salaires, etc.) qu'elle répercutera dans le prix de vente de ses produits. Toutefois, la longueur du processus de production, les délais de commercialisation et les délais de règlement accordés par l'entreprise à ses clients créent un décalage entre les dépenses qu'elle a engagées et les recettes provenant de la vente des produits. Ce décalage crée un besoin de financement, réduit par les délais de règlement dont bénéficie l'entreprise de la part de ses fournisseurs et autres créanciers à court terme (administration fiscale, URSSAF, etc.).

Ce besoin de financement, appelé besoin en fonds de roulement (BFR), en anglais *working capital needs*, est égal à un instant donné au montant de l'actif circulant diminué de celui du passif circulant. L'analyse financière s'effectue généralement sur le BFR global (exploitation et hors exploitation).

Bien que l'ensemble des éléments du besoin en fonds de roulement aient une durée de vie limitée, ils se renouvellent au fur et à mesure des cycles d'exploitation successifs. Le BFR correspond donc à un besoin constant de l'entreprise.

Le bilan comptable permet de calculer le niveau du BFR à la clôture de l'exercice. Ce montant n'est pas nécessairement représentatif de son niveau moyen. En effet, dans chaque entreprise, au-delà d'un « niveau plancher », qui correspond à ses besoins permanents à court terme (la fraction permanente du BFR), celui-ci varie au cours de l'exercice.

Le BFR présente également un niveau variable, en fonction du secteur de l'économie. Dans l'industrie et le secteur du bâtiment, où les stocks sont importants, notamment les encours de production, le BFR est positif. La grande distribution, qui possède peu de stocks (elle est livrée fréquemment), et peu de créances clients (ceux-ci paient comptant), bénéficie d'un BFR négatif, dû aux délais de règlement accordés par les fournisseurs.

Le niveau du BFR dépend également d'un certain nombre d'autres facteurs :

- Le degré d'intégration des activités de l'entreprise : comparativement à la réalisation des tâches en interne, le recours à la sous-traitance réduit le BFR, du fait de l'augmentation des dettes fournisseurs.
- Le niveau de chiffre d'affaires : le BFR d'exploitation (ou BFE) suit généralement de façon proportionnelle l'évolution du volume d'activité de l'entreprise, indépendamment de toute modification dans ses délais de stockage, de règlement clients ou de règlement fournisseurs.
- Des causes conjoncturelles : en prévision d'une hausse des coûts des matières premières ou des marchandises, une entreprise peut anticiper ses achats, ce qui aura pour effet de gonfler ses stocks.
- Des décisions de gestion : en vue de réduire son BFR, une entreprise peut chercher à posséder les stocks de matières premières ou

de marchandises les plus bas possibles, avec pour contrepartie le risque de ruptures, entraînant des retards de livraison aux clients, d'où la nécessité de stocks minimums (« stocks-tampons »).

La notion de BFR négatif : un BFR négatif (dettes fournisseurs supérieures aux stocks et aux créances) combiné à un fonds de roulement positif (excédent des capitaux permanents sur les immobilisations) procure à l'entreprise une trésorerie positive qui la place dans une situation favorable.

Lorsque le fonds de roulement est négatif, deux situations sont à distinguer :

Première situation : Le BFR négatif (au passif) est supérieur au fonds de roulement négatif (à l'actif). Dans ce cas, le BFR négatif permet à l'entreprise de financer ses besoins d'exploitation, ainsi que la partie de ses immobilisations non couverte par les capitaux permanents, tout en lui procurant une trésorerie positive plus ou moins importante. Toutefois, la situation de la société risque de se dégrader en cas de diminution d'activité ou de réduction des crédits fournisseurs.

Seconde situation : Le BFR négatif (au passif) est inférieur au fonds de roulement négatif (à l'actif). Dans ce cas, la société doit compléter le financement de ses immobilisations par de la trésorerie négative (au passif). Par rapport à l'hypothèse précédente, l'entreprise encourt un risque supplémentaire, celui du non-renouvellement de ses crédits de trésorerie.

SECTION 4 – L'actif économique

L'actif économique est représenté par l'ensemble des éléments permettant à l'entreprise d'exercer ses activités. Il s'agit donc, au sens strict, des immobilisations d'exploitation et du BFR d'exploitation, mais en pratique, nous y incluons l'ensemble des immobilisations (d'exploitation et hors exploitation) et l'ensemble du BFR (d'exploitation et hors exploitation). Nous rappelons que les postes d'actif s'entendent de leur montant net, après déduction des amortissements et provisions. L'actif économique est également appelé actif opérationnel (*operating assets*) ou capitaux employés (*capital employed*).

La Banque de France recourt à la notion de « capital d'exploitation » qu'elle définit comme l'ensemble des éléments nécessaires en permanence à l'exercice de l'activité courante, constitués de la valeur brute des immobilisations d'exploitation, incorporelles et corporelles, y compris les biens contractés en crédit-bail, auquel s'ajoute le besoin en fonds de roulement d'exploitation (BdF, 2017).

SECTION 5 – La trésorerie

La trésorerie correspond au solde entre, d'une part, les capitaux permanents (capitaux propres et endettement à long terme) et, d'autre part, l'actif économique (immobilisations et BFR dans son entier).

Lorsque ce solde est positif, la société dégage de la trésorerie. Elle dispose de plus de ressources que d'emplois à financer. En revanche, en cas de solde négatif, la société doit recourir à des concours bancaires à court terme pour financer la partie de son actif économique non couverte par les capitaux permanents.

Le fonds de roulement (FR) étant la différence entre les capitaux permanents et les immobilisations, nous pouvons écrire que :

FR – BFR = trésorerie.

La majeure partie des analystes considère que la trésorerie optimale est celle qui présente un montant moyen positif proche de zéro ; la société doit conserver une réserve de trésorerie suffisante pour faire face à des décaissements immédiats.

Une trésorerie constamment négative enferme l'entreprise dans le court terme, en la rendant dépendante du renouvellement des concours bancaires nécessaires à la poursuite de ses activités. Nous rappelons que selon l'article L313-12 du CMF, une banque peut réduire ou interrompre le crédit d'exploitation à durée indéterminée qu'elle consent à une entreprise, sous réserve de respecter le délai de préavis fixé lors de l'octroi du concours. Ce délai ne peut être inférieur à soixante jours. Un crédit à durée déterminée, quant à lui, prend fin à son échéance. Néanmoins, que l'ouverture de crédit soit à durée indéterminée ou déterminée, la banque n'est pas tenue de respecter un délai de préavis « en cas de comportement gravement répréhensible du bénéficiaire du crédit ou au cas où la situation de ce dernier s'avérerait irrémédiablement compromise ».

Une trésorerie abondante assure indépendance et sécurité. Toutefois, les excédents de trésorerie conservés par la société, s'ils ne sont pas utilisés pour investir, risquent d'être employés de façon non satisfaisante. En règle générale, les placements de trésorerie ne procurent qu'une rémunération faible, inférieure à la rentabilité intrinsèque de l'entreprise dans l'exercice de son métier.

CHAPITRE 5
LES BILANS FINANCIERS DES SOCIÉTÉS FABÈRE, LÉO, MERCANTOR ET ROSEMONDE

Nous établissons les bilans financiers des sociétés Fabère, fabricant à façon (section 1), Léo, industriel dans l'agro-alimentaire (section 2), Mercantor, exploitant de supermarché (section 3) et Rosemonde, exploitant direct et indirect de grandes surfaces spécialisées (section 4). Nous verrons un exemple supplémentaire de bilan financier, celui de la société Prior, au chapitre 11 dans la partie consacrée aux ratios.

SECTION 1 – Le bilan financier de la société Fabère, fabricant à façon

Cette société est une filiale d'un groupe. Elle exerce une activité de fabrication à façon de produits alimentaires pour l'une de ses sociétés sœurs qui est son seul client. Fabère est propriétaire de son matériel de production, mais réalise ses fabrications au moyen de matières premières appartenant à son client, qui est donc propriétaire des produits finis. Fabère est propriétaire des marques apposées sur les produits et son client lui verse, outre la rémunération du travail à façon, des redevances pour l'utilisation des marques.

La trésorerie étant centralisée au niveau du groupe, Fabère prête ses excédents de liquidités à une société du groupe et emprunte auprès d'elle les sommes dont elle a besoin au jour le jour.

Le bilan comptable de Fabère se présente ainsi :

Tableau 5.1 – Bilan comptable de la société Fabère – exercice N – (en milliers d'euros)

ACTIF	Montant net	**PASSIF**	
Immobilisations incorporelles		**Capitaux propres**	
Marques	74 912	Capital	24 598
Fonds commercial	65	Primes	76 236
Immobilisations corporelles		Réserve légale	2 460
Terrains	753	Autres réserves	30 000
Constructions	6 259	RAN	11 087
Installations techniques, matériel, outillage	22 763	Résultat de l'exercice	11 137
Autres immobilisations corporelles	779	Provisions réglementées	19 002
Immobilisations en cours	2 714	**Provisions pour risques et charges**	
Immobilisations financières		Provisions pour risques	13
Autres titres immobilisés	59	Provisions pour charges	934
Actif circulant		**Dettes**	
Stocks de pièces détachées	1 810	Auprès des établissements de crédit	48
Avances et acomptes versés	244	Fournisseurs	9 500
Clients	10 313	Dettes fiscales et sociales	3 457
Autres créances	67 827	Autres dettes	100
Disponibilités	24		
Charges constatées d'avance	50		
Total actif	188 572	Total passif	188 572

Informations fournies par l'annexe comptable : il n'y a pas d'engagement de crédit-bail mobilier ou immobilier.

Le poste « Autres créances » (67 millions d'euros) comprend de façon quasi exclusive les excédents de trésorerie prêtés à la société centralisatrice de trésorerie du groupe (64 millions d'euros).

Les provisions réglementées (19 millions d'euros) ne contiennent que des amortissements dérogatoires.

La provision pour charges (934 000 euros) comprend essentiellement la provision pour médailles du travail (908 000 euros).

Les engagements en matière de retraite (3 894 000 euros) ne sont pas provisionnés, mais inscrits en engagements hors bilan.

Les emprunts et dettes auprès des établissements de crédit (48 000 euros) sont à moins d'un an à l'origine.

Le montant de la réserve de participation, inclus dans le poste « Dettes fiscales et sociales », s'élève à 1 000 000 euros. Elle est stable d'un exercice à l'autre.

Liste des retraitements à effectuer (chiffres en milliers d'euros) : les immobilisations en cours (2 714) et les immobilisations financières (59), soit un total de 2 773, sont hors exploitation.

Les immobilisations incorporelles, composées de façon quasi exclusive des marques apposées sur les produits, sont liées à l'exploitation. Le total des immobilisations d'exploitation (incorporelles et corporelles) est de 105 531.

Les avances consenties par la société à la centrale de trésorerie de son groupe (64 000) sont à déduire du poste « Autres créances » et à porter en trésorerie active. Le solde du poste « Autres créances » s'établit à 3 827.

Le BFR de la société comprend les stocks de pièces détachées (1 810), les avances et acomptes versés sur commandes (244), les créances clients (10 313), le solde du poste « Autres créances » (3 827) et les charges constatées d'avance (50), desquels sont déduites les dettes fournisseurs (9 500), les dettes fiscales et sociales à l'exception de la participation (2 457) et les « Autres dettes » (100). Le BFR qui est positif de 4 187 prend place à l'actif du bilan financier.

La trésorerie active comprend les avances à la centrale de trésorerie du groupe (64 000) et les disponibilités (24), soit un total de 64 024.

Les provisions réglementées, constituées uniquement d'amortissements dérogatoires, supportent un impôt latent de 25 %, soit 4 750. Celui-ci ainsi que le montant des engagements de retraite hors bilan (3 894) sont à déduire des capitaux propres et à porter en DLT. Le montant total des capitaux propres, qui s'élève à 174 520 au bilan avant ces déductions, est donc réduit à 165 876.

Les provisions pour risques et charges (947 au total) sont à reclasser en DLT. En y incluant l'impôt latent sur les amortissements dérogatoires, le montant des engagements de retraite et la réserve de participation, les DLT s'élèvent à 10 591.

Les emprunts et dettes auprès des établissements de crédit (48) étant à moins d'un an à l'origine, ils sont à reclasser en trésorerie passive.

Tableau 5.2 – Bilan financier de la société Fabère – exercice N – (en milliers d'euros)

ACTIF		**PASSIF**	
Immobilisations hors exploitation	2 773	Fonds propres	165 876
Immobilisations d'exploitation	105 531	DLT	10 591
BFR	4 187	Trésorerie passive	48
Trésorerie active	64 024		
Total actif	176 515	Total passif	176 515

Analyse du bilan financier : nous remarquons d'emblée que Fabère possède des fonds propres bien supérieurs à son actif économique (immobilisations et BFR). Ses dettes à long terme sont réduites et ne comprennent aucun emprunt auprès des banques.

Les capitaux permanents (fonds propres et DLT) s'établissent à 176 467 000 euros, alors que le total des immobilisations (d'exploitation et hors exploitation) est de 108 304 000 euros. La société possède donc un fonds de roulement important de 68 163 000 euros.

Du fait de son activité de fabricant à façon, Fabère ne possède pas de stocks en dehors des pièces détachées. Son BFR est particulièrement réduit (4 187 000 euros).

Le fonds de roulement étant très supérieur au BFR, la société dispose d'une trésorerie pléthorique, qu'elle prête aux autres sociétés de son groupe, faute d'un autre usage.

En conclusion, Fabère possède une situation financière très stable. Ses excédents de liquidités contribuent à la stabilité financière du groupe auquel elle appartient.

Remarque : En versant un dividende prélevé sur son bénéfice distribuable (« Bénéfice de l'exercice » majoré du « Report à nouveau ») ou sur les autres sommes dont elle a la disposition (primes liées au capital et « Autres réserves »), la filiale pourrait faire remonter tout ou partie de sa trésorerie vers sa société-mère. Néanmoins, lorsque les titres de la filiale figurent au bilan de la société-mère à un coût historique élevé, par exemple, parce qu'ils résultent d'une acquisition, la société-mère, en recevant le dividende, risque d'être tenue de constater une dépréciation du même montant sur les titres de sa filiale. C'est l'une des illustrations du phénomène de *cash-trap* (argent piégé). La société-mère ne constate dans ses comptes aucun bénéfice à la suite de la réception du dividende, car le produit reçu (les dividendes) entraîne une charge de même montant (la dépréciation des titres de la filiale).

Lorsqu'une société en achète une autre, il est donc souhaitable que la société achetée ait une trésorerie proche de zéro. À cet effet, l'usage est que le futur vendeur prélève un dividende avant la cession, le prix de vente des titres étant ajusté en conséquence. D'une part, financièrement, il n'est pas sain de la part d'un acquéreur d'emprunter, ou même d'utiliser l'argent qu'il possède, pour acheter de l'argent. D'autre part, la trésorerie de la filiale pourra difficilement être utilisée pour désendetter la société acquéreuse. L'agrément prévu par l'article 209-II du CGI pour le transfert des déficits est refusé « dans le cas où une société déficitaire, qui s'est endettée de manière significative pour acquérir une société cible bénéficiaire est absorbée par celle-ci peu de temps après l'acquisition » (concept de « fusion rapide », BOFIP, 2019a et 2019b).

Enfin, nous rappelons la règle qui concerne la période pré-acquisition, selon laquelle, « une société ne peut avancer des fonds, accorder des prêts ou consentir une sûreté en vue de la souscription ou de l'achat de ses propres actions par un tiers » (article 225-216, C. com.).

SECTION 2 – Le bilan financier de la société Léo, industriel dans l'agro-alimentaire

Cette société, spécialisée dans la fabrication de conserves de fruits, fait partie d'un groupe. Elle vend elle-même ses productions, et pour son propre compte, à des clients extérieurs au groupe.

Le bilan comptable de Léo se présente de la façon suivante :

Tableau 5.3 – Bilan comptable de la société Léo – exercice N – (en milliers d'euros)

ACTIF		**PASSIF**	
Immobilisations incorporelles		**Capitaux propres**	
Logiciels	1 950	Capital	11 000
Immobilisations corporelles		Réserve légale	1 100
Terrains	610	RAN	13 812
Constructions	11 150	Résultat exercice	14 801
Installations, matériel, outillage	41 478	Subvention d'investissement	547
Autres immobilisations	620	Provisions réglementées	19 551
Immobilisations en cours	4 882	**Provisions pour risques et charges**	
Avances et acomptes versés	6 150	Provisions pour risques	820
Immobilisations financières		Provisions pour charges	3 419
Dépôts et cautionnements	420	**Dettes**	
Actif circulant		Dettes bancaires	48
Stocks de matières premières	10 242	Fournisseurs	40 152
Pièces détachées	1 612	Dettes fiscales et sociales	10 191

Actif circulant (suite)		**Dettes (suite)**	
Produits intermédiaires et finis	17 063	Dettes sur immobilisations	2 785
Stock de marchandises	5 874	Dettes envers le groupe	12 843
Clients	25 361	Autres dettes	3 674
Autres créances	6 723		
Avances et acomptes versés	261		
Disponibilités	6		
Charges constatées d'avance	241		
Écart de conversion - actif	102	**Écart de conversion-passif**	2
Total actif	134 745	Total passif	134 745

Informations fournies par l'annexe comptable : les engagements liés à des contrats de crédit-bail mobilier s'élèvent à 4 915 000 euros.

Les autres créances comprennent essentiellement des créances fiscales.

L'ensemble des créances est à moins d'un an.

Les provisions réglementées sont constituées d'amortissements dérogatoires.

La provision pour risques (820 000 euros) est composée d'une provision pour litiges et risques divers (377 000 euros), d'une provision pour réorganisation (341 000 euros) et d'une provision pour pertes de change (102 000 euros).

La provision pour charges (3 419 000 euros) est composée d'une provision pour médailles du travail (760 000 euros) et d'une provision pour charges de retraite (« indemnités de fin de carrière », IFC) (2 659 000 euros).

La participation des salariés (1 754 000 euros) est incluse dans la rubrique « Dettes fiscales et sociales ». Elle apparaît stable d'un exercice à l'autre (1 792 000 euros en N-1).

La trésorerie est centralisée au sein du groupe. Les avances de trésorerie dont bénéficie Léo sont comptabilisées dans le compte « Dettes envers le groupe ».

Un montant de 10 000 euros sur les 48 000 euros de dettes bancaires arrive à échéance à moins d'un an à la clôture de l'exercice.

Liste des retraitements à effectuer (chiffres en milliers d'euros) : les immobilisations financières (420) ainsi que les immobilisations corporelles en cours (4 882) et les avances et acomptes sur immobilisations corporelles (6 150) sont des immobilisations hors exploitation (total : 11 452).

Le reste des immobilisations corporelles et les immobilisations incorporelles (logiciels) sont des immobilisations d'exploitation (total : 55 808). Comme précisé dans le chapitre 2, section 2, il convient d'y ajouter les engagements de crédit-bail à hauteur de 75 %, soit 3 686,25. Le total des immobilisations d'exploitation s'élève donc à 59 494,25.

Le BFR comprend l'ensemble des stocks (34 791), les créances clients et comptes rattachés (25 361), les autres créances (6 723), les avances et acomptes versés sur commandes (261) et les charges constatées d'avance (241), desquels sont déduites les dettes fournisseurs et comptes rattachés (40 152), les dettes fiscales et sociales à l'exception de la participation des salariés (soit 8 437) et les autres dettes (3 674). Le BFR s'établit à un montant positif de 15 114. Nous y rattacherons les dettes sur immobilisations de 2 785 (BFR hors exploitation), ce qui ramène le BFR à 12 329.

La trésorerie active comprend uniquement les disponibilités (6).

L'écart de conversion actif (102) est une non-valeur, à supprimer de l'actif. Le même montant est à imputer sur la provision pour perte de change, qui de ce fait est réduite à zéro.

Un montant de 5 024,5 représentant l'impôt latent calculé au taux de 25 % sur la subvention d'investissement et sur les provisions réglementées est à déduire des capitaux propres et à porter en DLT. En revanche, il y a lieu d'y ajouter l'écart de conversion passif (2). Les capitaux propres, dont le total était de 60 811, s'établissent désormais à 55 788,5.

Les dettes à long terme comprennent l'impôt latent déduit des capitaux propres (5 024,5), les provisions pour risques et charges hormis la provision pour perte de change (4 137), le montant à long terme des dettes bancaires (38), la participation des salariés (1 754), ainsi que l'emprunt théorique correspondant aux biens pris en crédit-bail portés en immobilisations (3 686,25) soit un total de 14 639,75.

La trésorerie passive comprend la partie à court terme des dettes bancaires (10) et les dettes auprès du groupe (12 843), soit un total de 12 853.

Tableau 5.4 – Bilan financier de la société Léo – exercice N – (en euros)

ACTIF		PASSIF	
Immobilisations hors exploitation	11 452 000	Fonds propres	55 788 500
Immobilisations d'exploitation	59 494 250	DLT	14 639 750
BFR	12 329 000	Trésorerie passive	12 853 000
Trésorerie active	6 000		
Total actif	83 281 250	Total passif	83 281 250

Analyse du bilan financier : le total des capitaux permanents (fonds propres et DLT) s'établit à 70 428 250 euros, à comparer avec des immobilisations totales de 70 946 250 euros. Léo possède donc une insuffisance de fonds de roulement de 518 000 euros.

Cette insuffisance de fonds de roulement, combinée avec un BFR positif de 12 329 000 euros, explique la trésorerie nette négative de 12 847 000 euros.

En conclusion, la situation financière de Léo est déséquilibrée. Cette société finance la totalité de son BFR par des ressources de trésorerie. Cependant, elle n'apparaît pas en danger dans la mesure où les concours nécessaires lui sont apportés par les sociétés de son groupe.

Nota bene : L'article 212 bis du CGI, auquel nous invitons le lecteur à se reporter, édicte des limitations à la déductibilité des charges financières nettes. N'étudiant pas le compte de résultat dans le cadre de ce chapitre, nous ne pouvons pas vérifier si la société Léo est soumise ou non à ces limitations. Il s'agit néanmoins d'un aspect important à prendre en considération lors de la détermination de la structure de financement d'une entreprise et de sa répartition entre les capitaux propres et l'endettement.

SECTION 3 – Le bilan financier de la société Mercantor, exploitant de supermarché

Cette société, qui appartient à un groupe de distribution de taille moyenne, exploite un supermarché de centre-ville. Elle est locataire des murs de son commerce.

Le bilan comptable de Mercantor se présente ainsi :

Tableau 5.5 – Bilan comptable de la société Mercantor – exercice N – (en milliers d'euros)

ACTIF		PASSIF	
Immobilisations incorporelles		**Capitaux propres**	
Fonds commercial	780	Capital	120
I. corporelles		Réserve légale	12
Installations, matériel, outillage	75	Autres réserves	178
Autres	210	Résultat de l'exercice	182
Immobilisations en cours	15	**Dettes**	
I. financières		Dettes bancaires	210
Dépôts et cautionnements versés	67	Emprunts Dettes financières diverses	601
Actif circulant		Fournisseurs	636
Stock de matières premières	2	Dettes fiscales et sociales	202
Stock de marchandises	362		
Clients	43		
Autres créances	207		
Disponibilités	301		
Charges constatées d'avance	**79**		
Total actif	**2 141**	**Total passif**	**2 141**

Informations fournies par l'annexe comptable : le fonds de commerce est non amortissable. Les tests de dépréciation, dont il a fait l'objet, n'impliquent pas de comptabiliser une provision pour dépréciation.

Le poste « Autres créances » (207 000 euros) comprend essentiellement un crédit de TVA (49 000) et des produits à recevoir (143 000).

Les dettes bancaires (210 000 euros) sont relatives à un emprunt souscrit à plus d'un an à l'origine. La partie de cet emprunt arrivant à échéance à moins d'un an est de 84 000 euros. Les emprunts et dettes financières diverses (601 000 euros) consistent dans des avances consenties par les sociétés du groupe considérées comme durables à l'origine. Les dettes fiscales et sociales sont toutes liées à l'exploitation.

Retraitements à effectuer (chiffres en milliers d'euros) : les immobilisations en cours (15) et les dépôts et cautionnements versés (67) sont des actifs hors exploitation (total : 82).

Le BFR comprend les stocks de matières premières (2), les stocks de marchandises (362), les comptes clients (43), les « Autres créances » (207) et les charges constatées d'avance (79), desquels sont déduits les comptes fournisseurs (636) et les dettes fiscales et sociales (202). Le BFR est négatif de 145.

Les 84 de dettes bancaires arrivant à échéance à moins d'un an sont à reclasser en trésorerie négative.

Les avances consenties par le groupe (601) sont à classer en DLT. Ces dernières comprennent également la partie à plus d'un an des emprunts auprès des établissements de crédit (126).

Tableau 5.6 – Bilan financier de la société Mercantor – exercice N – (en milliers d'euros)

ACTIF		PASSIF	
Immobilisations hors exploitation	82	Fonds propres	492
Immobilisations d'exploitation	1 065	DLT	727
		BFR (négatif)	145
Trésorerie active	301	Trésorerie passive	84
Total actif	1 448	Total passif	1 448

Analyse du bilan financier : Grâce aux avances durables qui lui sont consenties par son groupe, la société possède des capitaux permanents de 1 219 000 euros, couvrant l'intégralité des immobilisations (1 147 000 euros) et dégageant un fonds de roulement positif de 72 000 euros.

Le fonds de roulement positif et le BFR négatif (de 145 000 euros), qui constituent tous les deux des ressources, expliquent la trésorerie nette positive (217 000 euros).

En conclusion, Mercantor est dans une situation financière favorable, provenant de l'important soutien dont elle bénéficie de la part de son groupe (fonds propres et avances durables), ainsi que des délais de règlement consentis par les fournisseurs. Elle bénéficie d'une trésorerie confortable, gage d'une certaine sécurité.

SECTION 4 – Le bilan financier de la société Rosemonde, exploitant direct et indirect de grandes surfaces spécialisées

La société Rosemonde commercialise des produits d'équipement de la maison (électroménager) ou liés aux nouvelles technologies (ordinateurs, téléphones portables). Elle exerce une activité d'achat-revente dans ses propres magasins (activité n° 1), ainsi qu'une activité de holding, détenant plusieurs filiales de commercialisation des mêmes produits (activité n° 2). Son bilan financier se présente de la façon suivante :

Tableau 5.7 - Bilan financier de la société Rosemonde – exercice N – (en milliers d'euros)

ACTIF		PASSIF	
Immobilisations d'exploitation – activité n° 1	51 258	Capitaux propres	658 871
Immobilisations d'exploitation – activité n° 2 (note 1)	158 538	DLT	22 358
		BFR (note 2)	94 334
Trésorerie active (note 3)	572 609	Trésorerie passive	6 842
Total actif	782 405	Total passif	782 405

Note 1 : Il s'agit des titres que possède Rosemonde dans le capital de ses filiales, valorisés à leur coût historique d'acquisition. Du fait de leur importance, ceux-ci ne constituent pas des actifs hors exploitation, mais les actifs d'une activité de holding.

Note 2 : Le BFR (stocks + créances clients – dettes fournisseurs) est entièrement lié à l'activité n° 1.

Note 3 : Un montant de 533 millions d'euros d'avances de trésorerie, consenties par Rosemonde à ses filiales, figurait en « Autres créances » dans le bilan comptable. Nous avons reclassé cette somme en trésorerie positive. Si ce reclassement n'avait pas été effectué, le bilan financier de Rosemonde se présenterait très différemment. La trésorerie active ne serait plus que de 39 609 000 euros. Quant au BFR, incluant à tort les « Autres créances », il serait positif de 438 666 000 euros (inscrit à l'actif).

Fonds de roulement positif et BFR négatif : le fonds de roulement positif (capitaux propres et DLT, moins immobilisations des activités n° 1 et n° 2) et le BFR négatif expliquent une trésorerie nette de 565 767 000 euros. Une grande partie de cette somme pourrait être distribuée aux actionnaires, sous forme de dividendes, à moins que ceux-ci ne préfèrent conserver ces montants au sein de la société en vue de futures acquisitions. La société Rosemonde est dans une situation financière très favorable.

TROISIÈME PARTIE
LE COMPTE DE RÉSULTAT FINANCIER

La structure du compte de résultat se prête plus facilement que celle du bilan à l'analyse financière. Lors de l'examen des différentes rubriques du modèle du PCG, nous verrons comment passer de celui-ci au compte de résultat financier qui repose sur l'utilisation des soldes intermédiaires de gestion (chapitre 6). Puis nous établirons le compte de résultat financier de la société Cyriel (chapitre 7). Dans le chapitre 8, nous étudierons les notions de capacité d'autofinancement, d'autofinancement et de marge brute d'autofinancement, dont nous donnerons un exemple d'application, celui de la société Imago (chapitre 9).

CHAPITRE 6
LE COMPTE DE RÉSULTAT ET LES SOLDES INTERMÉDIAIRES DE GESTION

Dans le compte de résultat du PCG (formulaires fiscaux n°s 2052 et 2053), les produits et les charges sont regroupés par nature (opérations d'exploitation, financières ou exceptionnelles), ce qui permet d'obtenir des résultats catégoriels (résultat d'exploitation, résultat financier, résultat exceptionnel) avant d'arriver au résultat net. Cette structure est très proche de celle des soldes intermédiaires de gestion, qui servent de cadre au compte de résultat financier. La différence se situe au niveau des opérations d'exploitation où le modèle du PCG ne comprend pas de solde intermédiaire, hormis le chiffre d'affaires, alors que les soldes intermédiaires de gestion en distinguent cinq : la marge commerciale, la production de l'exercice, la valeur ajoutée, la valeur ajoutée aux coûts des facteurs et l'excédent brut d'exploitation.

Le passage du modèle du PCG au compte de résultat financier nécessite un certain nombre de retraitements que nous examinerons. Deux précisions doivent être apportées.

Absence de charge d'IS latente (non comptabilisée) : il n'y a pas de retraitement à effectuer au titre de l'IS. En effet, la charge d'impôt sur les bénéfices, qui figure dans le compte de résultat, a été calculée en considération de l'ensemble des produits et des charges de l'exercice, avec l'application pour certains d'entre eux de règles fiscales spécifiques (déductions ou réintégrations extracomptables).

Comptabilisation des produits et charges hors TVA : la TVA est un impôt que l'entreprise collecte pour le compte de l'État et qui n'apparaît donc que dans les comptes de bilan (TVA collectée, TVA déductible, TVA à décaisser). La TVA est neutre pour l'entreprise. Ce n'est pas une charge qui pèse sur ses résultats.

Nous étudierons successivement :

- le résultat d'exploitation dans le compte de résultat du PCG (section 1) ;
- le résultat d'exploitation dans le tableau des soldes intermédiaires de gestion (section 2) ;
- les quotes-parts de résultat sur opérations faites en commun (section 3) ;
- le résultat financier (section 4) ;
- le résultat courant avant impôt (section 5) ;
- le résultat exceptionnel (section 6) ;

- le résultat net (section 7) ;
- la nouvelle définition du résultat exceptionnel à compter du 1er janvier 2025 (section 8) ;
- la suppression des comptes de transfert de charges à compter du 1er janvier 2025 (section 9).

SECTION 1 – Le résultat d'exploitation dans le compte de résultat du PCG

Le PCG met en évidence le chiffre d'affaires au sein des opérations d'exploitation, ce qui présente clairement le résultat d'exploitation comme égal au chiffre d'affaires, majoré des produits d'exploitation non compris dans celui-ci et diminué des charges d'exploitation. Le résultat d'exploitation apparaît en lecture directe sur le formulaire n° 2052. Nous examinons successivement chacun de ses composants.

1. Chiffre d'affaires

C'est l'addition des ventes de marchandises et de la production vendue de biens et services. Les marchandises sont les biens que l'entreprise achète pour les revendre en l'état. La production vendue (biens ou services) est celle qui provient de l'entreprise elle-même. Les rabais, remises et ristournes qu'elle accorde sont déduits du montant des ventes. Le chiffre d'affaires est lié à l'activité de l'entreprise. Il n'inclut pas les produits financiers, ni ceux provenant d'opérations exceptionnelles.

2. Produits d'exploitation non compris dans le chiffre d'affaires

Il s'agit de la « Production stockée » et de la « Production immobilisée » ainsi que des « Subventions d'exploitation », des « Reprises sur amortissements et provisions », des « Transferts de charges » et des « Autres produits ».

Production stockée : celle-ci, qui est évaluée au coût de production, correspond à la différence entre la valeur des stocks de produits finis et d'encours de fabrication détenus par l'entreprise à la clôture de l'exercice, et la valeur des mêmes postes en début d'exercice. Si le stock final (SF) est supérieur au stock initial (SI), cette variation positive augmente les produits de l'exercice. En revanche, si SF est inférieur à SI (déstockage), le poste « Production stockée » enregistre un montant négatif.

Le stock initial de l'exercice N est le stock final de l'exercice N−1. En conséquence, il est possible de reconstituer le montant de la production stockée, par différence au bilan entre le total des postes « Encours de production de biens », « Encours de production de services » et « Produits intermédiaires et finis » à la clôture de l'exercice N et le total des mêmes postes à la clôture de l'exercice N-1.

Production immobilisée : ce compte neutralise les charges relatives au coût de production des travaux que l'entreprise a effectués pour elle-même au cours de l'exercice. Il a pour contrepartie l'inscription d'une immobilisation corporelle ou incorporelle à l'actif du bilan. En outre, il est parfois utilisé pour neutraliser des frais d'établissement initialement comptabilisés en charges, pour permettre leur transfert à l'actif. Nous rappelons que, dans le cadre d'une analyse financière, lorsque l'élément d'actif ainsi créé représente une non-valeur, il convient de le supprimer à l'actif du bilan et de réduire du même montant les capitaux propres au passif ; au compte de résultat, le produit doit être annulé, ce qui a pour corollaire la diminution du résultat de l'exercice.

Subventions d'exploitation : ce sont des aides non remboursables, généralement accordées par l'État ou les collectivités publiques, versées à l'entreprise pour lui permettre de compenser l'insuffisance de certains produits d'exploitation, ou de faire face à certaines charges d'exploitation. Elles doivent être prises immédiatement en produit, contrairement aux subventions d'investissement qui, au choix de l'entreprise, sont immédiatement prises en produit ou de façon étalée.

Reprises sur amortissements et provisions : il peut s'agir, par exemple, de reprises sur des amortissements, pratiqués antérieurement sur des immobilisations corporelles ou incorporelles, jugés excessifs. Ce compte est également utilisé lorsqu'une charge d'exploitation potentielle couverte par une provision (comme le risque de non-paiement d'un client) s'est réalisée. Dans ce cas, la provision est reprise et la perte effective comptabilisée.

Transferts de charges : ce poste sert à annuler ou réduire une charge sans modifier le compte de charges lui-même. Il recouvre trois types d'utilisations. En premier lieu, il sert à enregistrer des refacturations ou des remboursements divers. Par exemple, lorsque l'entreprise reçoit de l'État des remboursements forfaitaires de charges de personnel, ceux-ci sont comptabilisés en produits dans le compte « Transferts de charges », ce qui neutralise les charges correspondantes. En second lieu, ce compte est utilisé pour neutraliser les charges relatives à des frais d'emprunt que l'entreprise décide de transférer à l'actif pour les amortir sur la durée de celui-ci. Nous rappelons que, lors d'une analyse financière, l'élément d'actif ainsi créé est considéré comme une non-valeur. En dernier lieu, ce compte permet le transfert de charges d'un compte à un autre, à l'intérieur du compte de résultat ; par exemple, pour neutraliser des charges d'exploitation qui seront inscrites en charges exceptionnelles.

Nota bene : Comme nous le verrons, les comptes « Transferts de charges » existent non seulement au niveau de l'exploitation mais également au niveau du résultat financier et du résultat exceptionnel.

Suppression des comptes « Transferts de charges » à compter du 1er janvier 2025 : ce point sera traité dans la section 8.

Le compte « *Autres produits* » comprend notamment les gains de change effectivement réalisés sur créances et dettes commerciales, ainsi que les redevances que l'entreprise reçoit de la part de tiers pour les brevets, licences, marques, procédés, logiciels, droits d'auteur, autres droits concédés et valeurs similaires dont elle est propriétaire.

3. Charges d'exploitation

Celles-ci comprennent l'ensemble des achats (marchandises, matières premières et autres approvisionnements, services extérieurs), les impôts, taxes et versements assimilés, les frais de personnel (salaires et traitements, charges sociales), les dotations aux amortissements et provisions d'exploitation et les « Autres charges ». Les rabais, remises et ristournes obtenus par l'entreprise sont déduits du montant des achats.

Achats de marchandises (y compris droits de douane) et *Variation de stocks (marchandises)* : nous savons que le mot marchandises désigne les biens que l'entreprise achète pour les revendre en l'état. De façon à ne prendre en compte, dans le résultat de l'exercice, que le coût d'achat des marchandises vendues pendant l'exercice (CAMV), le poste « Achats de marchandises » est corrigé par le poste « Variation de stocks (marchandises) », dont le montant est calculé de la façon suivante : stock initial (SI) moins stock final (SF). Lorsque SI est inférieur à SF, le compte « Variation de stocks » enregistre un montant négatif qui reflète un stockage. La variation négative diminue les charges de l'exercice. En revanche, lorsque SI est supérieur à SF, le compte « Variation de stocks » enregistre un montant positif qui correspond à un déstockage. La variation positive augmente les charges de l'exercice. En définitive, les achats de l'exercice, augmentés du stock initial et diminués du stock final, donnent bien le CAMV.

Achats de matières premières et autres approvisionnements (y compris droits de douane) et *Variation de stocks (matières premières et approvisionnements)* : ces postes fonctionnent comme ceux concernant les marchandises. Les matières premières et autres approvisionnements sont les biens destinés à être consommés dans le processus de production. Ils sont stockés (matières premières, combustibles, etc.) ou non stockés (eau, énergie, etc.). De façon à ne prendre en compte que le coût d'achat des matières consommées durant l'exercice (CAMC), le poste « Achats » est corrigé de la variation de stocks (SI moins SF). Lorsque SI est inférieur à SF, cette variation négative (stockage) diminue les charges de l'exercice. À l'inverse, lorsque SI est supérieur à SF, cette variation positive (déstockage) augmente les charges de l'exercice. En résumé, le CAMC est bien égal aux achats de l'exercice, augmentés du stock initial et diminués du stock final.

Remarque : nous rappelons que le bilan comprend à l'actif le stock final. Le stock initial de l'exercice N est le stock final de l'exercice N−1. Tant pour les marchandises que pour les matières premières et autres approvisionnements, il est donc possible de calculer la variation de stock à l'aide du bilan.

Autres achats et charges externes : cette rubrique, qui correspond aux comptes 61 et 62 du PCG, regroupe tous les autres postes d'achats de biens ou services auprès de tiers, notamment :

- sous-traitance générale : études, prestations de services, travaux refacturables aux clients ;
- loyers et charges locatives ;
- redevances de crédit-bail ;
- travaux d'entretien et de réparation ;
- primes d'assurances ;
- frais d'étude et de recherche ;
- personnel extérieur à l'entreprise (personnel intérimaire ou détaché auprès de l'entreprise) ;
- rémunérations d'intermédiaires et honoraires ;
- frais de publicité, publications et relations publiques ;
- frais de transport sur achats ou sur ventes ;
- frais de déplacements, missions et réceptions ;
- frais bancaires, c'est-à-dire les commissions perçues par les banques. En revanche, les charges d'intérêts, intérêts débiteurs ou agios ne font pas partie des charges d'exploitation, mais des charges financières.

Impôts, taxes et versements assimilés : cette rubrique regroupe l'ensemble des impôts et taxes auxquels l'entreprise est soumise, à l'exception de la TVA et de l'impôt sur les bénéfices. La TVA, qui ne met en jeu que des comptes de bilan, ne constitue pas une charge pour les entreprises et n'influence pas leur résultat. Celui-ci est égal à la différence entre le total des produits hors TVA et le total des charges hors TVA. Quant à l'impôt sur les bénéfices, il est calculé sur la base de l' « Excédent brut global », comprenant le résultat courant et le résultat exceptionnel, après application de rectifications extracomptables, découlant de règles fiscales spécifiques.

La rubrique « Impôts, taxes et versements assimilés » recouvre notamment la taxe sur les salaires, la taxe d'apprentissage, le versement de transport, la contribution économique territoriale (CET) qui se décompose en contribution foncière des entreprises (CFE) et cotisation sur la valeur ajoutée des entreprises (CVAE, en voie de suppression), les taxes foncières, les droits d'enregistrement.

Salaires et traitements : cette rubrique comprend les rémunérations versées au personnel de l'entreprise : salaires et appointements, congés payés, primes et gratifications, indemnités et avantages divers. Quant aux frais de personnel extérieur à l'entreprise, nous rappelons qu'ils sont inclus dans les « Autres achats et charges externes ».

Charges sociales : elles recouvrent les charges de sécurité sociale et de prévoyance (cotisations versées à l'URSSAF, aux mutuelles, aux caisses de retraites, à Pôle emploi), les versements aux comités sociaux et économiques (CSE), aux autres œuvres sociales, à la médecine du travail.

Dotations d'exploitation : ces charges sont la contrepartie au compte de résultat :

- des amortissements et provisions inscrits à l'actif, au titre de l'exercice, sur les immobilisations ou les éléments d'actif circulant ;
- ainsi que des provisions inscrites au passif, au titre de l'exercice, pour des risques et charges d'exploitation, par exemple, litige, charges de retraite, gros entretien et grandes révisions.

La dotation d'exploitation aux amortissements sur immobilisations est égale à l'annuité d'amortissement linéaire. Le complément de dotation éventuel, résultant du régime d'amortissement dégressif ou d'un dispositif d'amortissement exceptionnel, figure en charges exceptionnelles (cf. section 6 ci-après).

« Autres charges » : ce compte comprend notamment les pertes sur créances irrécouvrables, les pertes de change effectivement supportées

sur créances et dettes commerciales, les redevances que l'entreprise verse à des tiers pour l'utilisation de brevets, licences, marques, procédés, logiciels, droits d'auteur, autres droits concédés et valeurs similaires. Il comporte également les jetons de présence qui, aux termes des articles L225-45 et L225-83 du Code de commerce, s'entendent d'une somme fixe annuelle que l'assemblée générale peut allouer aux administrateurs ou aux membres du conseil de surveillance en rémunération de leur activité.

SECTION 2 – Le résultat d'exploitation dans le tableau des soldes intermédiaires de gestion

Dans le cadre du système développé, dont l'adoption est facultative, le PCG (article 842-1) fournit un modèle de tableau des soldes intermédiaires de gestion (SIG) possédant, au niveau des opérations d'exploitation, une structure très différente de celle du compte de résultat. L'INSEE y ajoute un solde supplémentaire, la valeur ajoutée aux coûts des facteurs (VACF).

Nous examinons tout d'abord chacun de ces soldes (paragraphe 1), puis leur signification (paragraphe 2). Enfin nous verrons que, dans le cadre d'un compte de résultat financier, plusieurs retraitements doivent être effectués (paragraphe 3).

1. Les soldes intermédiaires de gestion du PCG relatifs aux opérations d'exploitation

Ils figurent dans le tableau 6.1 à la page suivante.

Tableau 6.1 – Le soldes intermédiaires de gestion du PCG relatifs aux opérations d'exploitation

		Soldes intermédiaires de gestion
Ventes de marchandises	– coût d'achat des marchandises vendues	Marge commerciale
Production vendue + production stockée (note 1) + production immobilisée		Production de l'exercice
Marge commerciale + production de l'exercice	– consommations de l'exercice en provenance de tiers (note 2)	Valeur ajoutée (VA)
Valeur ajoutée + subvention d'exploitation	– impôts, taxes et versements assimilés	Valeur ajoutée aux coûts des facteurs (VACF)
VACF	– charges de personnel (note 3)	Excédent brut d'exploitation (EBE) (note 4)
EBE + reprises sur amortissements, provisions et transferts de charges + « Autres produits » (note 5)	– dotations d'exploitation aux amortissement et provisions – « Autres charges » (note 5)	Résultat d'exploitation

Note 1 : La production stockée peut être négative (déstockage).

Note 2 : Consommations de l'exercice en provenance de tiers = achats de matières premières et autres approvisionnements + variation de stocks (matières premières et approvisionnements) + autres achats et charges externes.

Note 3 : Charges de personnel = salaires et traitements + charges sociales.

Note 4 : L'EBE peut être négatif (insuffisance brute d'exploitation).

Note 5 : À la différence des soldes intermédiaires de gestion du PCG, qui ne prennent en compte les « Autres produits » et « Autres charges » d'exploitation que pour la détermination du résultat d'exploitation, la Banque de France intègre ces éléments dans l'EBE (BdF, 2022a).

2. Signification des soldes intermédiaires de gestion relatifs aux opérations d'exploitation

Nous rappelons que tous les montants sont hors TVA dans le compte de résultat.

Marge commerciale : elle représente la différence entre le prix auquel les marchandises ont été vendues et leur coût d'achat. C'est le profit brut procuré par les activités purement commerciales d'achat-revente de marchandises en l'état.

Production de l'exercice : cet indicateur, plus complet que la production vendue, permet de mesurer la production totale d'une entreprise industrielle au cours de l'exercice. Il est toutefois hétérogène, puisque ses trois composantes sont valorisées différemment : la production vendue l'est au prix de vente, la production stockée au coût de production et la production immobilisée au coût de production, éventuellement majoré des coûts d'emprunt.

Valeur ajoutée : elle s'obtient en additionnant la marge commerciale et la production de l'exercice, desquelles sont retranchées les consommations en provenance de tiers. Comme l'indique son appellation, elle représente l'accroissement de valeur que l'entreprise confère, grâce à ses propres activités, aux biens et services en provenance de tiers. C'est la richesse créée par l'entreprise.

Le recours à la sous-traitance (incluse dans les « Autres approvisionnements » ou les « Autres achats et charges externes ») diminue la valeur ajoutée. Le niveau de cette dernière est donc un indicateur du degré d'intégration des activités de l'entreprise, réalisées en interne, ou, au contraire, en ayant recours à la sous-traitance.

La « démarque inconnue », notion qui recouvre les vols dont l'entreprise peut faire l'objet, exerce un impact négatif sur sa marge commerciale (le coût d'achat des marchandises vendues est plus élevé du fait d'un stock final plus faible) ainsi que sur le niveau de sa production stockée (le stock final est plus faible). Elle diminue donc la valeur ajoutée. Néanmoins, lorsqu'elle est stable d'un exercice à l'autre, elle ne donne lieu à aucune écriture particulière, l'entreprise enregistrant son stock final tel qu'il résulte de l'inventaire. Lors d'une analyse financière, de même, aucun retraitement n'est effectué.

Valeur ajoutée aux coûts des facteurs : elle s'obtient en déduisant de la valeur ajoutée, majorée des subventions d'exploitation, le poste « Impôts, taxes et versements assimilés ». Nous rappelons que ce poste ne comprend ni l'impôt sur les bénéfices, déduit à la fin du compte de résultat lors de l'affectation de l'« Excédent brut global », ni la TVA, totalement absente du compte de résultat.

Excédent brut d'exploitation (ou insuffisance brute d'exploitation) : il représente la différence entre la valeur ajoutée aux coûts des facteurs et les charges de personnel (salaires et traitements et charges sociales). Celles-ci ne comprennent pas la participation, déduite comme l'impôt sur les bénéfices à la fin du compte de résultat, lors de l'affectation de l'« Excédent brut global ».

L'EBE mesure le surplus monétaire potentiel procuré par l'exploitation de l'entreprise. Il se compose uniquement de produits encaissables, à l'exception de la production immobilisée, et de charges décaissables. Toutefois, il n'inclut pas les postes « Autres produits » et « Autres charges », qui concernent principalement les redevances reçues ou versées par l'entreprise, bien qu'il s'agisse également de produits encaissables ou de charges décaissables liés à l'exploitation.

L'EBE ne constitue pas un excédent de trésorerie d'exploitation car, dans le compte de résultat, l'enregistrement des produits s'effectue indépendamment de leur encaissement, et l'enregistrement des charges, indépendamment de leur décaissement. C'est dans les comptes de bilan que les entrées et sorties effectives de liquidités sont constatées.

Comparaison entre l'EBE et l'EBITDA (*Earnings Before Interest, Taxes, Depreciation and Amortization*) : ces deux indicateurs sont considérés comme équivalents. Toutefois l'EBITDA inclut les produits et charges exceptionnels, contrairement à l'EBE. En retirant les coûts et revenus exceptionnels, nous obtenons l'EBITDA « ajusté ».

Résultat d'exploitation (REX) : il est égal à l'EBE, augmenté des reprises sur amortissements et provisions et transferts de charges d'exploitation et des « Autres produits », et diminué des dotations aux amortissements et provisions d'exploitation et des « Autres charges ». Les reprises ou dotations sur amortissements et provisions sont des produits ou des charges calculés, qui n'entraînent pas d'encaissement (reprises) ni de décaissement (dotations). Le REX mesure la performance commerciale et industrielle de l'entreprise, après prise en compte de l'usure et de la dépréciation des éléments d'exploitation, mais avant l'incidence de son mode de financement, et hors éléments exceptionnels.

Comparaison entre le REX et l'EBIT : le résultat d'exploitation, peut être comparé à l'EBIT (*Earnings Before Interest and Taxes*), qui prend en compte les provisions et amortissements. Cependant, les produits et charges exceptionnels, absents du résultat d'exploitation, sont présents dans l'EBIT.

Comparaison entre l'EBE et le REX : ne comportant pas d'éléments financiers, l'EBE et le REX reflètent la performance intrinsèque de l'entreprise dans son métier. Le REX inclut les dotations aux amortissements et provisions, et leurs reprises, qui sont des charges et des produits calculés et non constatés. Résultant des choix de l'entreprise, ceux-ci rendent difficiles les comparaisons. L'EBE est donc souvent considéré comme le meilleur indicateur. Néanmoins, il ne comprend pas les « Autres produits » et « Autres charges » (redevances reçues ou versées).

3. Retraitements à effectuer dans le cadre d'un compte de résultat financier

Ils concernent les redevances de crédit-bail, les frais de personnel extérieur à l'entreprise et la participation des salariés.

Redevances de crédit-bail : celles-ci sont incluses dans le poste « Autres achats et charges externes ». Elles sont donc déduites dans le calcul de la valeur ajoutée, au titre des consommations en provenance de tiers. Ce traitement ne permet pas la comparaison entre entreprises ayant effectué des choix de gestion différents. Afin d'effectuer cette comparaison, l'ensemble des immobilisations utilisées par l'entreprise doivent être traitées de façon uniforme. Les immobilisations dont l'entreprise a acquis la propriété donnent lieu à des amortissements. Lorsque cette acquisition a été financée par emprunt, s'y ajoute la charge d'intérêt (charge financière). Dans le contexte d'une analyse financière, le même traitement doit être appliqué aux immobilisations dont l'entreprise a la disposition en vertu d'un contrat de crédit-bail. Le montant de l'annuité de crédit-bail (case HP ou HQ du formulaire n° 2053) est tout d'abord réintégré dans la valeur ajoutée, puis ventilé entre une dotation aux amortissements d'exploitation et une charge d'intérêts. Lorsque les détails du contrat sont connus, la dotation aux amortissements sera égale à la valeur d'origine du bien divisée par la durée du contrat. La fraction complémentaire de l'annuité constituera la charge d'intérêts. En l'absence de précisions, l'annuité de crédit-bail peut être ventilée forfaitairement entre la dotation aux amortissements d'exploitation (75 %) et la charge d'intérêts (25 %).

Frais de personnel extérieur à l'entreprise : ce poste inclus dans les « Autres achats et charges externes » fait partie des frais de personnel, au même titre que les salaires et traitements. Son montant ne doit donc pas être déduit de la valeur ajoutée, mais de l'EBE.

Participation des salariés : dans le modèle du PCG, la participation apparaît à la fin du compte de résultat, au-dessus du poste « Impôt sur les bénéfices », car elle est considérée comme une affectation de l'«Excédent brut global ». Toutefois, bien qu'il s'agisse d'une charge aléatoire dépendant du résultat de l'exercice, et non d'une charge fixe comme les salaires et traitements, la participation n'en constitue pas moins un complément de rémunération. Lors d'une analyse financière, la participation est donc reclassée en charge de personnel, déduite lors du calcul de l'EBE.

En définitive, la partie exploitation des soldes intermédiaires de gestion se présente ainsi :

Tableau 6.2 – Les soldes intermédiaires de gestion relatifs aux opérations d'exploitation après retraitement

		Soldes intermédiaires de gestion
Ventes de marchandises	– coût d'achat des marchandises vendues	Marge commerciale

Production vendue + production stockée + production immobilisée		Production de l'exercice

Marge commerciale + production de l'exercice *+ redevances de crédit-bail* *+ frais de personnel extérieur*	– consommations de l'exercice en provenance de tiers	Valeur ajoutée

Valeur ajoutée + subvention d'exploitation	– impôts, taxes et versements assimilés	Valeur ajoutée aux coûts des facteurs (VACF)

VACF	– charges de personnel *– frais de personnel extérieur* *– participation*	Excédent brut d'exploitation (EBE)

EBE + reprises sur amortissements, provisions et transferts de charges + « Autres produits »	– dotations d'exploitation aux amortissements et provisions – « Autres charges » *– moins 75 % des redevances de crédit-bail*	Résultat d'exploitation

SECTION 3 – Les quotes-parts de résultat sur opérations faites en commun

Cette rubrique concerne les opérations faites dans le cadre d'une société en participation, régie par les articles 1871 à 1873 du Code civil. La société en participation est une société que ses fondateurs ont décidé de ne pas immatriculer. Elle est dépourvue de la personnalité morale et ne peut donc pas posséder de patrimoine. Les associés restent propriétaires des biens qu'ils mettent à la disposition de la société. D'un point de vue pratique, un des associés (le « gérant ») intègre dans la comptabilité de son entreprise les opérations de la société en participation. La quote-part du résultat transférée aux autres participants est enregistrée par le gérant dans un compte de charge (« bénéfice transféré ») ou dans un compte de produit (« perte transférée »). Parallèlement, chaque participant non-gérant enregistre sa quote-part de résultat sous la rubrique « Bénéfice attribué » (en produit) ou sous la rubrique « Perte supportée » (en charge).

Dans le modèle du PCG, les produits et les charges des opérations en commun ne donnent pas lieu à l'établissement d'un résultat catégoriel spécifique, mais sont directement ajoutés aux résultats d'exploitation et financier, pour la détermination du résultat courant avant impôts.

Compte de résultat financier : lorsque la société en participation exerce une activité commerciale ou industrielle, les participants incluront leurs quotes-parts d'opérations en commun dans leurs opérations d'exploitation en « Autres produits » ou « Autres charges ». Si l'activité est financière, la société participante les inclura dans son résultat financier.

SECTION 4 – Le résultat financier

Un nombre important de rubriques concourent au résultat financier. Nous examinons les produits (paragraphe 1), puis les charges (paragraphe 2). Leur différence, soit le résultat financier, apparaît en lecture directe sur le formulaire n° 2052. Nous verrons que, dans le cadre d'une analyse financière, les charges doivent être majorées d'une partie de l'annuité de crédit-bail (paragraphe 3).

1. Produits financiers

Il s'agit des produits financiers de participations, des produits des autres valeurs mobilières et créances de l'actif immobilisé, des autres intérêts et produits assimilés, des reprises sur provisions et transferts de charges, des différences positives de change et des produits nets sur cessions de valeurs mobilières de placement.

Produits financiers de participations : ce compte recouvre les dividendes reçus par la société de ses participations (sur cette notion, cf. chapitre 2, section 2, paragraphe 3) ainsi que les intérêts des sommes qu'elle leur a prêtées.

Produits des autres valeurs mobilières et créances de l'actif immobilisé : ce sont les revenus (intérêts et dividendes) que procurent à la société ses autres immobilisations financières.

Autres intérêts et produits assimilés : cette rubrique comprend les dividendes provenant des valeurs mobilières de placement, les intérêts des actifs de trésorerie possédés par l'entreprise (notamment les revenus tirés des comptes en banque), ainsi que les escomptes obtenus des fournisseurs pour paiement anticipé.

Reprises sur provisions et transferts de charges : le compte « Reprises sur provisions financières » annule des provisions devenues sans objet ou, au contraire, couvrant des risques qui se sont matérialisés. Par exemple, lorsque l'entreprise constate la dépréciation définitive de titres figurant à l'actif de son bilan, à la suite de la liquidation judiciaire de leur émetteur, elle annule la provision qui avait été constituée et passe la perte réelle en charge. Le compte « Transferts de charges financières » permet de neutraliser la charge des frais financiers qui seront transférés à l'actif dans le compte « Charges à répartir sur plusieurs exercices » ou incorporés dans le prix d'une immobilisation corporelle ou incorporelle.

Différences positives de change : ce sont les gains de change effectivement réalisés par l'entreprise à la suite du dénouement d'une opération ayant un caractère financier, telle qu'un emprunt bancaire en devises ou la cession de liquidités en devises. En outre, les écarts de conversion positifs constatés à la fin de l'exercice sur les liquidités en devises sont considérés comme des gains de change réalisés (article 420-7 du PCG, et antérieurement, article 447-76 du PCG, 1999).

Produits nets sur cessions de valeurs mobilières de placement : ce compte enregistre les plus-values effectivement réalisées sur la cession de valeurs mobilières de placement.

2. Charges financières

Cette rubrique inclut les dotations financières aux amortissements et provisions, les intérêts et charges assimilées, les différences négatives de change et les charges nettes sur cession de valeurs mobilières de placement.

Dotations financières aux amortissements et provisions : ce compte contient la dotation annuelle à l'amortissement de la prime de remboursement des obligations inscrite à l'actif du bilan. Il inclut également les dotations aux provisions destinées à couvrir des risques financiers (par exemple, risque de perte de change) ou des dépréciations probables d'actifs financiers (par exemple, dépréciation de titres de participation).

Intérêts et charges assimilées : ce compte recouvre l'ensemble des intérêts versés par l'entreprise au cours de l'exercice, au titre des emprunts et dettes qu'elle a contractés, auprès de sociétés liées ou de tiers. Parmi les sommes dues aux banques, n'y figurent que les intérêts débiteurs et les agios. Comme nous l'avons vu, les commissions qui leur sont versées sont enregistrées en charges d'exploitation dans les « Autres achats et charges externes ». Ce compte comprend également les escomptes accordés par l'entreprise à ses clients. Il n'inclut pas les dividendes que verse l'entreprise à ses actionnaires. En effet, alors que les dividendes reçus par l'entreprise figurent dans ses produits financiers, ceux qu'elle verse ne constituent pas une charge, mais une affectation de son résultat net.

Différences négatives de change : ce compte enregistre les pertes de change effectivement supportées par l'entreprise au cours de l'exercice, liées à des opérations ayant un caractère financier, telles qu'un emprunt bancaire en devises, ou la conversion de liquidités en devises. En outre, les écarts de conversion négatifs constatés à la fin de l'exercice sur les exigibilités immédiates en devises, sont considérés comme des pertes de change supportées (article 420-7 du PCG, et antérieurement, article 446/66 du PCG, 1999).

Charges nettes sur cession de valeurs mobilières de placement : ce compte enregistre les moins-values effectivement supportées par l'entreprise sur les cessions de valeurs mobilières de placement qu'elle a réalisées.

3. Retraitement à effectuer dans le cadre d'une analyse financière

Nous rappelons que les redevances de crédit-bail, enregistrées en comptabilité dans les « Autres achats et charges externes », doivent être reclassées à hauteur de 25 % en charges financières (compte « Intérêts et charges assimilées »).

SECTION 5 – Le résultat courant avant impôt

Ce solde est l'addition du résultat d'exploitation et du résultat financier, corrigée des quotes-parts de résultat sur opérations faites en commun ; il convient d'ajouter le bénéfice attribué ou la perte transférée et de retrancher la perte supportée ou le bénéfice transféré.

Le résultat courant avant impôt (RCAI) provient de l'activité normale de l'entreprise, hors éléments exceptionnels.

Sauf cas particuliers (entreprises répondant à la définition des petites entreprises, ou placées sous le régime simplifié d'imposition), l'annexe comptable comporte la « répartition du montant global des impôts sur le bénéfice entre le résultat courant et le résultat exceptionnel, en précisant notamment les bases et taux d'imposition ainsi que les crédits d'impôts, avoirs fiscaux et imputations diverses » (article 833-15, PCG). Ces informations permettent de connaître le résultat courant après impôt.

SECTION 6 – Le résultat exceptionnel

Le PCG ne donne pas de définition du résultat exceptionnel, mais fournit une liste de comptes relevant de cette rubrique. En conséquence, les produits et les charges qui font partie de cette liste sont considérés par nature comme des éléments exceptionnels. Nous examinons tout d'abord les produits (paragraphe 1) puis les charges concernés (paragraphe 2). Leur différence donne le résultat exceptionnel qui apparaît en lecture directe sur le formulaire n° 2053. Nous verrons ensuite que certaines opérations peuvent relever soit des éléments d'exploitation, soit des éléments exceptionnels (paragraphe 3) et que le classement par nature est abandonné à compter du 1er janvier 2025 (paragraphe 4).

1. Produits exceptionnels

Ceux-ci se répartissent en « Produits exceptionnels sur opérations de gestion », « Produits exceptionnels sur opérations en capital » et « Reprises sur provisions et transferts de charges exceptionnelles ».

Produits exceptionnels sur opérations de gestion : dans cette rubrique figurent les dédits et les pénalités perçus par l'entreprise sur ses achats ou sur ses ventes, les libéralités qu'elle a reçues, les rentrées sur créances amorties, les subventions d'équilibre, les dégrèvements d'impôts autres que l'impôt sur les bénéfices et les « Autres produits exceptionnels sur opérations de gestion ».

Les rentrées sur créances amorties correspondent aux paiements reçus pour des créances qui, considérées comme définitivement perdues, avaient été passées antérieurement en pertes.

La *subvention d'équilibre* est une aide financière, non remboursable, généralement versée par l'État ou une collectivité publique, dont bénéficie l'entreprise pour compenser, en tout ou partie, la perte globale qu'elle aurait constatée en l'absence de cette subvention. Elle doit être prise immédiatement en produit.

Parmi les « Autres produits exceptionnels », nous trouvons les produits sur exercices antérieurs qui n'avaient pas été comptabilisés.

Produits exceptionnels sur opérations en capital : ce poste enregistre le prix de cession des éléments d'actif, qu'il s'agisse d'immobilisations incorporelles, corporelles ou financières ou d'autres éléments d'actif. Le prix de cession est enregistré en totalité. La méthode de comptabilisation ne permet pas de connaître la plus-value ou la moins-value éventuelle en lecture directe. Celle-ci s'obtient par comparaison entre le poste « Produits exceptionnels sur opérations en capital », qui enregistre le prix de cession, et le poste « Charges exceptionnelles sur opérations en capital », utilisé pour annuler la valeur nette comptable des éléments d'actif cédés. Ce poste comprend également la quote-part de la subvention d'investissement virée au compte de résultat de l'exercice, lorsque celle-ci fait l'objet d'une imposition étalée.

Reprises sur provisions et transferts de charges exceptionnelles : les reprises sur provisions réglementées, notamment pour amortissement dérogatoire, constituent l'essentiel de ce poste. Quant au compte « Transferts de charges exceptionnelles », il s'utilise, par exemple, pour enregistrer l'indemnité d'assurance reçue à la suite de la perte totale d'une immobilisation (destruction totale ou vol). Cette indemnité est assimilée au prix de cession de l'immobilisation.

2. Charges exceptionnelles

Elles comprennent les « Charges exceptionnelles sur opérations de gestion », les « Charges exceptionnelles sur opérations en capital » et les « Dotations exceptionnelles aux amortissements et provisions ».

Charges exceptionnelles sur opérations de gestion : nous y trouvons les pénalités sur marchés et les dédits payés par l'entreprise sur ses achats ou sur ses ventes, les créances devenues irrécouvrables durant l'exercice, les pertes de biens d'exploitation (par exemple, les stocks) ayant une origine accidentelle (incendie, inondation), les dons et libéralités que l'entreprise a effectués, les subventions qu'elle a accordées. Cette rubrique comprend également le montant des rappels de cotisations URSSAF ou d'impôts autres que l'impôt sur les bénéfices, dont l'entreprise a fait l'objet, ainsi que les pénalités, amendes sociales, fiscales et pénales qu'elle a supportées.

Charges exceptionnelles sur opérations en capital : il s'agit de la valeur nette comptable des éléments d'actif cédés. Comme précisé précédemment, c'est la comparaison entre ce poste et le prix de cession des actifs, inscrit en produits exceptionnels, qui permet de déterminer s'il y a plus-value ou moins-value.

Dotations exceptionnelles aux amortissements et provisions : elles recouvrent principalement les dotations aux amortissements dérogatoires ou exceptionnels. Nous savons que les entreprises doivent comptabiliser en charges d'exploitation une dotation annuelle égale à l'amortissement linéaire. La dotation aux amortissements dérogatoires correspond au complément de dotation résultant de l'application du système dégressif. L'amortissement exceptionnel est le complément d'amortissement s'ajoutant à l'annuité linéaire dont sont susceptibles de bénéficier, dans le cadre de dispositifs fiscaux temporaires, certains biens non éligibles à l'amortissement dégressif (BOFIP, 2017).

3. Opérations pouvant relever soit des éléments d'exploitation soit des éléments exceptionnels

Nous avons précisé au début de cette section que les éléments exceptionnels sont ceux figurant sur la liste donnée par le PCG. Toutefois celui-ci classe certains produits et certaines charges à la fois dans les éléments d'exploitation et dans les éléments exceptionnels. Ainsi les pertes sur créances irrécouvrables peuvent-elles être classées en exploitation (« Pertes sur créances irrécouvrables ») ou en éléments exceptionnels (« Créances devenues irrécouvrables dans l'exercice »). De même les dons peuvent être classés en exploitation (« Pourboires, dons courants ») ou en éléments exceptionnels (« Dons, libéralités »). La distinction s'effectue en fonction de l'importance des opérations et de leur caractère habituel ou non.

4. Abandon du classement par nature à compter du 1er janvier 2025

Nous verrons dans la section 8 qu'en dehors de quelques éléments inscrits par nature, le nouveau PCG retient une notion conceptuelle du résultat exceptionnel. Il en résulte que certaines opérations actuellement classées en exceptionnel figureront désormais dans les éléments d'exploitation.

SECTION 7 – Le résultat net

Le résultat net s'obtient en additionnant le résultat courant avant impôt et le résultat exceptionnel, desquels sont retranchés la participation des salariés aux résultats de l'entreprise et l'impôt sur les bénéfices (IS). Le résultat net appartient aux actionnaires. Il mesure leur enrichissement.

Le résultat de l'exercice, qui correspond dans le compte de résultat à la différence entre les produits et les charges, se définit au bilan comme la variation des capitaux propres provenant de l'activité de l'entreprise entre le début et la fin de l'exercice. En effet, les variations de capitaux propres provenant de l'activité de l'entreprise doivent toutes transiter par le compte de résultat. Seules les opérations qui affectent directement le montant des capitaux propres, par exemple, une augmentation ou une réduction de capital, n'y transitent pas (article 513-1 du PCG).

Prenant en compte la totalité des opérations de l'exercice, le résultat net ne reflète pas toujours parfaitement la rentabilité réelle de la société. Il peut en effet avoir été influencé par des éléments exceptionnels, à l'origine d'une importante plus-value ou moins-value. Des déficits reportables ont pu alléger la charge d'impôt sur les bénéfices.

Compte de résultat financier : la participation des salariés est reclassée en charge de personnel, déduite lors du calcul de l'EBE. Contrairement au modèle du PCG, elle ne figure donc pas à la fin du compte de résultat.

SECTION 8 – Nouvelle définition du résultat exceptionnel à compter du 1er janvier 2025

Le règlement n° 2022-06 du 4 novembre 2022 s'applique aux exercices ouverts à compter du 1er janvier 2025. Le nouvel article 513-5 définit les nouvelles règles.

Désormais seules trois catégories d'opérations relèvent par nature des éléments exceptionnels. Il s'agit :

- des écritures comptables d'origine purement fiscale, telles que la constitution ou la reprise de provisions réglementées, notamment la provision pour amortissement dérogatoire ;
- des changements de méthode comptable que l'entreprise sera amenée à comptabiliser en résultat, plutôt qu'en capitaux propres, en raison de l'application de règles fiscales ;
- des corrections d'erreurs, sauf dans le cas où l'écriture erronée avait été directement imputée sur les capitaux propres.

En dehors de ces trois catégories d'opérations, pour être inscrits en éléments exceptionnels, les produits et les charges devront remplir deux critères cumulatifs :

- avoir pour origine un événement majeur et inhabituel pour l'entreprise concernée ;
- et être liés directement — être spécifiques — à cet événement.

Cette définition exclut les produits et charges intervenant durant l'événement majeur et inhabituel, mais que l'entreprise constate dans son exploitation normale et courante, tels que les loyers, les charges de personnel, les amortissements.

Présentation du résultat exceptionnel : celui-ci sera désormais présenté sur trois lignes : une ligne pour le total des produits exceptionnels, une autre pour le total des charges exceptionnelles et une dernière ligne pour le solde des deux précédentes, donnant le résultat exceptionnel (nouveaux articles 821-2 et 822-2 du PCG). C'est dans l'annexe comptable qu'apparaîtra le détail des charges et produits exceptionnels, ventilés entre leurs quatre sources potentielles : les écritures comptables d'origine purement fiscale, les changements de méthode comptable, les corrections d'erreurs et les produits et charges directement liés à un événement majeur et inhabituel pour l'entreprise concernée. L'événement devra être décrit en indiquant, le cas échéant, les montants, qui y sont liés directement, déjà inscrits au cours des exercices antérieurs (nouvel article 832-21 du PCG).

SECTION 9 – Suppression des comptes de transfert de charges à compter du 1er janvier 2025

Le règlement n° 2022-06 supprime les comptes de transfert de charges. En fonction de l'ajustement à réaliser, le nouveau PCG prévoit différents traitements comptables.

Enregistrement des refacturations et remboursements divers : ces opérations seront enregistrées dans des comptes dédiés.

Répartition des frais d'émission d'emprunt sur la durée de l'emprunt : ces frais ne seront plus enregistrés en charges dans le compte de résultat, avant d'y être annulés et transférés à l'actif. Ils seront enregistrés directement dans le compte d'actif « Frais d'émission des emprunts ».

Correction de l'inscription d'une charge dans un compte inadéquat à l'intérieur du compte de résultat : la charge sera neutralisée dans le compte inadéquat lui-même et inscrite dans le compte approprié.

CHAPITRE 7
LE COMPTE DE RÉSULTAT FINANCIER DE LA SOCIÉTÉ CYRIEL

Cyriel conçoit, développe, fabrique et commercialise des systèmes informatiques destinés à l'industrie. Elle assure également des prestations de services de conseil et d'assistance technique liées à l'usage de ses produits. Cette société n'exerce aucune activité d'achat et de revente en l'état. Elle réalise la plus grande partie de son chiffre d'affaires à l'exportation et la plupart de ses opérations sont libellées en dollars américains. Cyriel est une société indépendante, n'appartenant à aucun groupe.

Dans la section 1, nous présentons son compte de résultat PCG. Dans la section 2, nous établirons son compte de résultat financier.

SECTION 1 – Le compte de résultat PCG de la société Cyriel

Il se présente de la façon suivante. Les postes ne comportant aucun montant ne sont pas mentionnés. Notamment, la société n'exerçant aucune activité d'achat-revente, les postes « Ventes de marchandises », « Achats de marchandises » et « Variation de stocks (marchandises) » ne sont pas inclus dans le tableau ci-dessous.

Tableau 7.1. – Compte de résultat PCG – société Cyriel – exercice N – (en milliers d'euros)

Produits d'exploitation	
Production vendue de biens	68 732
Production vendue de services	54 622
Chiffre d'affaires net : 123 354	
Production stockée (note 1)	17 110
Production immobilisée	8 638
Subvention d'exploitation	91
Total des produits d'exploitation (I)	**149 193**

Charges d'exploitation	
Achats de matières premières et autres approvisionnements	31 981
Variation de stock (matières premières et approvisionnements) (note 2)	518
Autres achats et charges externes	74 712
Impôts, taxes, versements assimilés	1 345
Salaires et traitements	15 324
Charges sociales	7 316
Dotations d'exploitation (amortissements et provisions)	
- *Sur immobilisations*	10 318
- *Pour risques et charges*	2 806
Autres charges	446
Total des charges d'exploitation (II)	**144 766**

Résultat d'exploitation (I – II)	**4 427**

Produits financiers	
Autres intérêts et produits assimilés	35
Différences positives de change	1 256
Total des produits financiers (V)	**1 291**

Charges financières	
Dotations financières aux amortissements et provisions	242
Intérêts et charges assimilées	320
Différences négatives de change	776
Total des charges financières (VI)	**1 338**

Résultat financier (V – VI)	**–47**

Résultat courant avant impôt (I – II + V – VI)	**4 380**

Produits exceptionnels	
Produits exceptionnels sur opérations de gestion	3
Produits exceptionnels sur opérations en capital	20
Total des produits exceptionnels (VII)	**23**

Charges exceptionnelles	
Charges exceptionnelles sur opérations de gestion	33
Charges exceptionnelles sur opérations en capital	41
Dotations exceptionnelles aux amortissements et provisions	1 381
Total des charges exceptionnelles (VIII)	**1 455**

Résultat exceptionnel (VII – VIII)	**–1 432**

Participation des salariés (IX)	**177**

Impôt sur les bénéfices (X)	**737**

Total des produits (I + V + VII)	**150 507**
Total des charges (II + VI + VIII + IX + X)	**148 473**
Bénéfice ou perte (total des produits – total des charges)	**2 034**

Note 1 : SF – SI = 17 110. Variation positive qui augmente les produits de l'exercice. Stockage de production.

Note 2 : SI – SF = 518. Variation positive qui augmente les charges de l'exercice. Déstockage de matières premières et approvisionnements.

Informations fournies par l'annexe : les « Autres achats et charges externes » se décomposent de la façon suivante :

Sous-traitance	57 561
Locations et charges locatives	2 790
Personnel extérieur à l'entreprise	489
Rémunérations d'intermédiaires et honoraires	1 884
Autres	11 988
Total	74 712

Une redevance de 3 405 000 euros relative à un crédit-bail mobilier a été versée au cours de l'exercice.

SECTION 2 – Le compte de résultat financier de la société Cyriel

Il figure ci-après. En l'absence d'activité d'achat-revente, la notion de marge commerciale est sans objet.

Dans la colonne de calcul des soldes intermédiaires de gestion (SIG), les charges sont précédées du signe moins.

Tableau 7.2 – Compte de résultat financier - société Cyriel – exercice N – (en milliers d'euros)

	Calcul des SIG	SIG
Production vendue (biens et services)	123 354	
Production stockée	17 110	
Production immobilisée	8 638	
Production de l'exercice		**149 102**

	Calcul des SIG	SIG
Production de l'exercice	*149 102*	
– achats de matières premières	– 31 981	
– variation de stocks (matières premières) (note 1)	– 518	
– Autres achats et charges externes	– 74 712	
+ personnel extérieur à l'entreprise (note 2)	*+ 489*	
+ redevance de crédit-bail (note 2)	*+ 3 405*	
Valeur ajoutée		**45 785**

Valeur ajoutée	*45 785*	
+ subvention d'exploitation	+ 91	
– impôts, taxes, versements assimilés	– 1 345	
Valeur ajoutée aux coûts des facteurs		**44 531**

Valeur ajoutée aux coûts des facteurs	*44 531*	
– salaires et traitements	– 15 324	
– charges sociales	– 7 316	
– personnel extérieur à l'entreprise	*– 489*	
– participation	*– 177*	
Excédent brut d'exploitation		**21 225**

	Calcul des SIG	SIG
Excédent brut d'exploitation	*21 225*	
– dotations d'exploitation aux amortissements sur immobilisations	– 10 318	
– dotations d'exploitation aux provisions pour risques et charges	– 2 806	
– autres charges	– 446	
– 75 % redevance de crédit-bail	*– 2 554*	
Résultat d'exploitation		**5 101**

Produits financiers	+ 1 291	
– charges financières	– 1 338	
– 25 % redevance de crédit-bail	*– 851*	
Résultat financier		**–898**

Résultat d'exploitation	*5 101*	
+ résultat financier	*– 898*	
Résultat courant avant impôt		**4 203**

Produits exceptionnels	+ 23	
– charges exceptionnelles	–1 455	
Résultat exceptionnel		**–1 432**

Résultat courant avant impôt	+4 203	
Résultat exceptionnel	–1 432	
Impôt sur les bénéfices	–737	
Résultat de l'exercice		**+2 034**

Note 1 : Comme nous l'avons vu dans la section 1, SI – SF = 518. Variation positive (déstockage) qui augmente les charges de l'exercice.

Note 2 : Les frais de personnel extérieur et la redevance de crédit-bail, compris dans les « Autres achats et charges externes », doivent en être retirés. Ils ne sont pas à prendre en compte dans le calcul de la valeur ajoutée. Les frais de personnel extérieur interviennent dans le calcul de l'EBE. La redevance de crédit-bail est incluse à hauteur de 75 % dans le calcul du résultat d'exploitation et à hauteur de 25 % dans celui du résultat financier.

Pour conclure, nous constatons que les retraitements apportent des modifications notables aux soldes du PCG. Les charges d'exploitation augmentent de 177 000 euros, du fait du reclassement de la participation des salariés en charge de personnel, et diminuent de 851 000 euros, une partie de la redevance de crédit-bail, incluse dans le poste « Autres achats et charges externes », étant reclassée en charge financière. De ce fait, le résultat d'exploitation passe de 4 427 000 euros (3,6 % du CA) à 5 101 000 euros (4,1 % du CA). La partie de la redevance de crédit-bail reclassée en charge financière fait passer le résultat financier d'un montant négatif de 47 000 euros à un montant négatif de 898 000 euros. De nouveaux soldes, notamment la valeur ajoutée et l'excédent brut d'exploitation, sont créés. La société dispose désormais de données permettant la comparaison avec d'autres entreprises. Ce travail s'effectue à l'aide des ratios, que nous présenterons dans la quatrième partie de cet ouvrage.

CHAPITRE 8
LA CAPACITÉ D'AUTOFINANCEMENT, L'AUTOFINANCEMENT ET LA MARGE BRUTE D'AUTOFINANCEMENT

La capacité d'autofinancement (CAF) mesure le surplus monétaire potentiel dégagé par l'entreprise, dans l'ensemble de ses activités ordinaires, au cours de l'exercice. C'est un indicateur de même nature que l'EBE mais plus complet. En effet, ce dernier ne mesure que le surplus monétaire potentiel procuré par l'exploitation de l'entreprise.

La CAF se calcule à partir du compte de résultat. Celui-ci enregistre les produits encaissables, par exemple les ventes, indépendamment de leur encaissement, et les charges décaissables, par exemple les achats, indépendamment de leur décaissement. C'est au bilan et non dans le compte de résultat que s'enregistrent la créance sur le client, puis l'encaissement du prix de vente, la dette envers le fournisseur, puis son paiement.

La CAF se distingue, de ce fait, des *flux de trésorerie* (ou *cashflows),* calculés par différence entre les produits effectivement encaissés et les charges effectivement décaissées pendant l'exercice.

Afin de mesurer de façon complète le surplus monétaire potentiel résultant de l'activité ordinaire de l'entreprise, la CAF prend en compte l'ensemble des produits encaissables et des charges décaissables, quelle que soit leur nature, d'exploitation, financière ou exceptionnelle, ainsi que l'impôt sur les bénéfices et la participation des salariés. En revanche, les cessions d'immobilisations étant des opérations sortant de l'activité ordinaire de l'entreprise, la CAF est diminuée du montant des produits de cessions d'immobilisations et, parallèlement, majorée de la valeur nette comptable des immobilisations cédées.

De même que l'EBE ou les cashflows, la CAF peut être positive ou négative

Il existe deux méthodes pour calculer la CAF : la méthode descendante à partir de l'EBE (section 1) et la méthode ascendante à partir du résultat net (section 2). Nous examinerons ensuite la relation entre la CAF et l'autofinancement (section 3), puis entre la CAF et la marge brute d'autofinancement (MBA) (section 4).

SECTION 1 – Le calcul de la CAF par la méthode descendante

C'est la méthode qui figure dans le PCG (article 842-2). Elle consiste, en partant de l'EBE, à ajouter les produits encaissables et à déduire les charges décaissables qu'il ne contient pas.

Sont ajoutés :

- les « Transferts de charges d'exploitation » et les « Autres produits d'exploitation » ;
- le bénéfice attribué ou la perte transférée des opérations en commun ;
- les produits financiers et exceptionnels. Toutefois, ils ne sont pas tous encaissables. La méthode consiste donc à ajouter l'ensemble des produits financiers et exceptionnels, puis à déduire les produits non encaissables qu'ils contiennent : reprises sur provisions et dépréciations, et quote-part des subventions d'investissement virée au résultat de l'exercice.

Sont déduits :

- les « Autres charges d'exploitation » ;
- la perte supportée ou le bénéfice transféré des opérations en commun ;
- les charges financières et exceptionnelles. Toutefois, elles ne sont pas toutes décaissables. La méthode consiste donc à déduire l'ensemble des charges financières et exceptionnelles, puis à ajouter les charges non décaissables qu'elles contiennent ; dotations aux amortissements, aux dépréciations et aux provisions.

De façon à neutraliser l'impact des cessions d'immobilisations, il convient de déduire les produits de cessions d'immobilisations et, réciproquement, d'ajouter la valeur nette comptable des immobilisations cédées.

Il reste à déduire deux postes décaissables : la participation des salariés aux résultats de l'entreprise et l'impôt sur les bénéfices.

Nota bene : L'EBE ne prend pas en compte les dotations aux amortissements et aux provisions d'exploitation et leurs reprises. Aucune action n'est donc requise à cet égard, ni ajout des dotations d'exploitation, ni déduction de leurs reprises.

Tableau 8.1 – Calcul de la CAF – méthode descendante

Excédent brut d'exploitation
+ transferts de charges d'exploitation (note 1)
+ « Autres produits d'exploitation »
− « Autres charges d'exploitation »
+ bénéfice attribué ou perte transférée (note 2)
− perte supportée ou bénéfice transféré (note 2)
+ produits financiers
− reprises sur provisions et dépréciations financières
− charges financières
+ dotations aux amortissements, aux dépréciations et aux provisions financiers
+ produits exceptionnels
− produits de cessions d'immobilisations (note 3)
− quotes-parts des subventions d'investissement virées au résultat de l'exercice (note 3)
− reprises sur provisions et dépréciations exceptionnelles
− charges exceptionnelles
+ valeur nette comptable des immobilisations cédées (note 4)
+ dotations aux amortissements, aux dépréciations et aux provisions exceptionnels
− participation des salariés aux résultats de l'entreprise
− impôt sur les bénéfices
= capacité d'autofinancement de l'exercice (CAF)

Note 1 : Certains auteurs préconisent de ne prendre en compte que la partie de ce poste qui neutralise des charges décaissables, pour les transférer à l'actif du bilan, où elles seront amorties sur plusieurs exercices. En revanche, l'utilisation de ce poste, afin d'éviter qu'une même charge, inscrite dans deux comptes différents au sein du compte de résultat à la suite d'un reclassement (le compte initial où elle continue de figurer et le compte approprié où elle a été réinscrite), ne soit comptée deux fois, n'a pas d'incidence monétaire. Cette partie du compte « Transferts de charges » n'aurait donc pas à être ajoutée à l'EBE pour la détermination de la CAF.

Note 2 : Ce sont les deux lignes de la rubrique « Opérations en commun ».

Note 3 : Ces deux postes sont compris dans les « Produits exceptionnels sur opérations en capital ».

Note 4 : Ce poste est inclus dans les « Charges exceptionnelles sur opérations en capital ».

SECTION 2 – Le calcul de la CAF par la méthode ascendante

Le point de départ de cette méthode est le résultat net. Celui-ci est majoré des charges non décaissables, diminué des produits non encaissables, majoré de la valeur nette comptable des éléments d'actif cédés, et diminué des produits de cession d'immobilisations.

Tableau 8.2 – Calcul de la CAF – méthode ascendante

Résultat net
+ dotations d'exploitation aux amortissements sur immobilisations (note 1)
+ dotations d'exploitation aux provisions sur immobilisations (note 1)
+ dotations d'exploitation aux provisions sur actif circulant (note 1)
+ dotation d'exploitation aux provisions pour risques et charges (note 1)
+ dotations financières aux amortissements et provisions
+ dotations exceptionnelles aux amortissements et provisions
− reprises sur amortissements et provisions d'exploitation (note1)
− reprises sur provisions financières
− reprises sur provisions exceptionnelles
+ valeur nette comptable des immobilisations cédées
− produits de cessions d'immobilisations
− quotes-parts des subventions d'investissement virées au compte de résultat
= capacité d'autofinancement (CAF)

Note 1 : Le résultat net prend en compte les dotations aux amortissements, provisions et dépréciations d'exploitation et leurs reprises. Il convient donc de neutraliser leur incidence, c'est-à-dire d'ajouter les dotations d'exploitation et de déduire leurs reprises.

SECTION 3 – L'autofinancement

Nous examinons, tout d'abord, la notion d'autofinancement d'exploitation, puis celle d'autofinancement global.

Autofinancement d'exploitation : l'EBE, qui est considéré comme le solde des produits encaissables et des charges décaissables d'exploitation, contient en fait un produit non encaissable, la production immobilisée. Celle-ci ne donnera lieu à aucune facturation à des clients, puisqu'il s'agit du coût des travaux que l'entreprise réalise pour elle-même et qu'elle intégrera dans ses immobilisations à l'actif de son bilan.

L'autofinancement d'exploitation est donc égal à l'EBE moins la production immobilisée.

Autofinancement global : la production immobilisée est également présente dans la CAF. En effet, l'EBE, qui la contient, est le point de départ de la méthode descendante. Parallèlement, elle n'est pas déduite du résultat net dans la méthode ascendante. Lors du passage de la CAF à l'autofinancement global, une première correction consiste donc à retirer la production immobilisée.

Une seconde correction consiste à déduire les dividendes. Ils ne sont déduits ni dans la méthode descendante ni dans la méthode ascendante, car ils ne constituent pas une charge décaissable de l'entreprise, mais une affectation de son résultat net. Toutefois, puisqu'ils sont versés aux actionnaires, l'entreprise n'en a pas la disposition.

Autofinancement global = CAF moins production immobilisée moins dividendes.

L'autofinancement représente le surplus monétaire potentiel, sécrété par l'activité de l'entreprise, restant à sa disposition « une fois [qu'elle a] rémunéré l'ensemble de ses partenaires (Personnel, État, Prêteurs [intérêts] et Actionnaires [dividendes] » (Morvan, M-J., & Dos Santos, M., 2023). Il lui permet de rembourser le capital restant dû sur ses emprunts et de financer de nouveaux investissements. Lorsque l'autofinancement se révèle insuffisant au regard des projets d'investissements, l'entreprise doit recourir à des financements additionnels, auprès de ses actionnaires ou des banques.

SECTION 4 – La marge brute d'autofinancement (MBA)

La marge brute d'autofinancement vise à définir de façon plus précise le surplus monétaire potentiel dégagé par l'entreprise au cours de l'exercice. Les provisions sur actifs circulants (stocks et créances clients) et pour perte de change sur actifs et passifs circulants correspondent à une perte monétaire probable à court terme. Lors du passage de la CAF à la MBA, elles sont considérées comme des charges décaissables et, à ce titre, déduites. Réciproquement, les reprises de provisions de même nature sont considérées comme des produits encaissables et, de ce fait, ajoutées. Par ailleurs, la MBA est calculée hors impôt sur les plus-values de cession.

Tableau 8.3. – Calcul de la marge brute d'autofinancement (MBA)

CAF (au sens du PCG)
− dotations aux provisions sur actifs circulants
+ reprises de provisions sur actifs circulants (note 1)
− dotations aux provisions financières pour perte de change sur actifs et passifs circulants (note 2)
+ reprises de provisions financières pour perte de change sur actifs et passifs circulants (note 3)
+ impôt sur les plus-values
= MBA

(Conso, P. & Hémici F., 2005, cités par La Bruslerie H. de, 2014 et Morvan, M-J. & Dos Santos, M., 2023)

Note 1 : Ce poste est inclus dans la rubrique « Reprises sur amortissements et provisions et transferts de charges », qui fait partie des produits d'exploitation.

Note 2 : Ce poste est compris dans la rubrique « Dotations financières aux amortissements et provisions ».

Note 3 : Ce poste est compris dans la rubrique « Reprises sur provisions et transferts de charges », qui fait partie des produits financiers.

CHAPITRE 9
LA CAF, L'AUTOFINANCEMENT ET LA MBA DE LA SOCIÉTÉ IMAGO

Après avoir présenté le compte de résultat PCG de la société Imago (section 1), nous calculerons son EBE (section 2), ce qui nous permettra de calculer la CAF par la méthode descendante (section 3). Nous utiliserons ensuite la méthode ascendante (section 4) et enfin nous déterminerons la MBA (section 5).

SECTION 1 – Compte de résultat PCG de la société Imago

Il se présente de la façon suivante. Les postes ne comportant aucun montant ne sont pas mentionnés. Notamment, il n'y a pas de participation des salariés au titre de l'exercice.

Tableau 9.1. – Compte de résultat PCG – société Imago – exercice N – (en milliers d'euros)

Produits d'exploitation	
Vente de marchandises	550
Production vendue de biens	18 660
Chiffre d'affaires net : 19 210	
Production stockée	17
Production immobilisée	125
Total des produits d'exploitation	**19 352**

Charges d'exploitation	
Achats de marchandises	600
Variation de stock (marchandises) (note 1)	– 366
Achats de matières premières et autres approvisionnements	6 150
Variation de stock (matières premières et approvisionnements) (note 2)	35
Autres achats et charges externes	5 300
Impôts, taxes, versements assimilés	685
Salaires et traitements	2 846
Charges sociales	1 280

Dotations d'exploitation (amortissements et provisions)	
- *Sur immobilisations*	800
- *Sur actif circulant*	100
Total des charges d'exploitation	**17 430**

Résultat d'exploitation	**1 922**

Charges financières	
Intérêts et charges assimilées	274
Résultat financier	**−274**

Résultat d'exploitation	*1 922*
+ Résultat financier	*−274*
Résultat courant avant impôt	**1 648**

Produits exceptionnels	
Produits exceptionnels sur opérations de gestion	30
Produits exceptionnels sur opérations en capital	425
Total des produits exceptionnels	**455**

Charges exceptionnelles	
Charges exceptionnelles sur opérations de gestion	60
Charges exceptionnelles sur opérations en capital	380
Total des charges exceptionnelles	**440**

Résultat exceptionnel	**15**

Impôt sur les bénéfices	**416**

Total des produits	**19 807**
Total des charges	**18 560**
Bénéfice ou perte (total des produits – total des charges)	**1 247**

Note 1 : SI – SF = −366. Variation négative de stock qui diminue les charges de l'exercice. Stockage de marchandises.

Note 2 : SI – SF = 35. Variation positive de stock qui augmente les charges de l'exercice. Déstockage de matières premières et approvisionnements.

SECTION 2 – Calcul de l'EBE de la société Imago

Cette société ne recourt pas au crédit-bail. Elle n'utilise pas les services de personnel extérieur. En outre, comme précisé dans la section 1, il n'existe pas de participation des salariés au titre de l'exercice. Aucun retraitement n'est donc à effectuer.

Tableau 9.2 – Calcul de l'EBE – société Imago – exercice N - (en milliers d'euros)

Rubriques	Coûts	Calcul des SIG	SIG
Vente de marchandises		550	
Achats de marchandises	600		
Variation négative de stock (stockage)	– 366		
Total : coût d'achat des marchandises vendues	234	– 234	
Marge commerciale			**316**

Production vendue		18 660	
+ production stockée		17	
+ production immobilisée		125	
Production de l'exercice			**18 802**

Rubriques	Coûts	Calcul des SIG	SIG
Marge commerciale		316	
+ production de l'exercice		18 802	
Achats de matières premières et autres approvisionnements	6 150		
Variation positive de stock (déstockage)	35		
Autres achats et charges externes	5 300		
Total : consommations en provenance des tiers	11 485	– 11 485	
Valeur ajoutée			**7 633**

Valeur ajoutée		7 633	
+ subvention d'exploitation		0	
Impôts, taxes et versements assimilés	685	– 685	
Valeur ajoutée aux coûts des facteurs			**6 948**

Valeur ajoutée aux coûts des facteurs		6 948	
Salaires et traitements	2 846		
Charges sociales	1 280		
Total (charges de personnel)	4 126	– 4 126	
Excédent brut d'exploitation			**2 822**

Dans la mesure où il n'existe aucun retraitement lié à des redevances de crédit-bail ou à la participation, l'EBE que nous venons de calculer est strictement égal à celui des soldes intermédiaires de gestion du PCG. L'existence de frais de personnel extérieur n'aurait pas eu d'incidence sur l'EBE : après que la valeur ajoutée a été majorée de leur montant, ils sont déduits au stade suivant lors du calcul de l'EBE.

SECTION 3 – Calcul de la CAF de la société Imago par la méthode descendante

Tableau 9.3 – Calcul de la CAF – méthode descendante – société Imago – exercice N - (en milliers d'euros)

Les postes ne comportant aucun montant ne sont pas mentionnés.

Excédent brut d'exploitation	**2 822**
- charges financières	– 274
+ produits exceptionnels	+ 455
- produits de cessions d'éléments d'actif	– 425
- charges exceptionnelles	– 440
+ valeur nette comptable des éléments d'actif cédés	+ 380
- impôt sur les bénéfices	– 416
= capacité d'autofinancement de l'exercice (CAF)	**2 102**

SECTION 4 – Calcul de la CAF de la société Imago par la méthode ascendante

Tableau 9.4 – Calcul de la CAF – méthode ascendante – société Imago – exercice N - (en milliers d'euros)

Les postes ne comportant aucun montant ne sont pas mentionnés.

Résultat net	**1 247**
+ dotations d'exploitation aux amortissements	+ 800
+ dotations d'exploitation aux provisions sur actif circulant	+ 100
+ valeur nette comptable des éléments d'actif cédés	+ 380
– produits des cessions d'éléments d'actif	– 425
= capacité d'autofinancement (CAF)	**2 102**

SECTION 5 – Calcul de la marge brute d'autofinancement de la société Imago

Tableau 9.5. – Calcul de la marge brute d'autofinancement (MBA) – société Imago – exercice N - (en milliers d'euros)

CAF (au sens du PCG)	**2 102**
– dotations aux provisions sur actif circulant	– 100
+ reprises de provisions sur actif circulant	
– dotations aux provisions financières pour perte de change sur actifs et passifs circulants	
+ reprises de provisions financières pour perte de change sur actifs et passifs circulants	
+ impôt sur les plus-values (note 1)	+ 11,25
= MBA	**2 013,25**

Note 1 : En l'absence d'information sur la nature des éléments d'actif cédés, nous calculons l'impôt sur la plus-value au taux de droit commun, soit (425 – 380) x 25 % = 11,25.

QUATRIÈME PARTIE
LES RATIOS

Une fois que le bilan et le compte de résultat ont été analysés et présentés selon des critères financiers, il est possible de calculer des ratios. Ces indicateurs, qui portent sur la situation de la société ou ses performances, permettent de mesurer son évolution d'un exercice à l'autre, ou d'effectuer des comparaisons avec les autres entreprises du même secteur.

Cette quatrième partie comprend deux chapitres, l'un consacré à l'étude des ratios (chapitre 10), l'autre à un exemple d'application, celui de la société Prior (chapitre 11).

CHAPITRE 10
LES RATIOS

Un ratio est le rapport entre deux grandeurs significatives, tirées du bilan ou du compte de résultat, permettant de caractériser l'entreprise. Certains ratios s'attachent à sa structure de financement, d'autres mesurent sa rentabilité ou sa solvabilité. Ils apportent en outre certains éléments de réponse à deux questions qui conditionnent sa pérennité. En premier lieu, il s'agit de savoir si l'entreprise possède du *pricing power*, c'est-à-dire la capacité de répercuter ses hausses de coûts sur ses clients, en augmentant ses prix de vente, sans diminution de ses ventes en volume. En second lieu, il convient de s'assurer que sa croissance est compétitive, en d'autres termes au moins égale à celle de son marché. À défaut, sa part de marché diminuant, l'entreprise est en situation de décrochage par rapport à ses concurrents, même si son chiffre d'affaires augmente.

Pour apprécier la situation ou les performances de la société par rapport aux entreprises du même secteur, il est possible de s'appuyer sur les fascicules d'indicateurs sectoriels, publiés par la Banque de France, comportant pour chaque secteur du marché une série de trente ratios économiques et financiers. L'INSEE publie également des ratios par activité.

De nombreux outils sont à la disposition de l'analyste financier : ratios de structure (section 1), de solvabilité (section 2), de gestion (section 3), d'exploitation (section 4), de marge (section 5) et de rentabilité financière (section 6). Nous essayerons de sélectionner ceux nous apparaissant les plus significatifs, susceptibles d'une seule interprétation.

Les ratios s'expriment généralement en pourcentage. Le résultat obtenu doit donc être multiplié par 100. Lorsqu'ils s'expriment en nombre de jours, le résultat doit être multiplié par 365.

SECTION 1 – Les ratios de structure

Les ratios de structure rapprochent un poste de bilan d'un autre poste de bilan ou du total du bilan, de façon à en mesurer l'importance relative. Ils s'attachent aux immobilisations (paragraphe 1), à la structure de bilan (paragraphe 2) ou à la répartition du financement (paragraphe 3).

1. Les immobilisations

Nous examinons les ratios mesurant l'importance des immobilisations et le renouvellement des actifs d'exploitation.

Importance des immobilisations : c'est le rapport immobilisations corporelles nettes sur total de l'actif. Ce ratio donne une indication du secteur d'activité dans lequel opère l'entreprise. Il est, par exemple, très élevé dans l'industrie lourde.

Ratio de renouvellement des actifs d'exploitation : ce ratio, qui compare la valeur nette des immobilisations d'exploitation (numérateur) à leur valeur brute (dénominateur), est également appelé ratio d'obsolescence des actifs d'exploitation. Toutefois, cette appellation est contre-intuitive. En effet, plus le ratio est élevé, plus les immobilisations sont récentes. Lorsque le ratio est égal à 0 % (valeur nette = 0), les actifs d'exploitation sont totalement amortis. Lorsque le ratio est égal à 100 %, ils sont totalement neufs. Un ratio faible reflète en général un outil de production vieillissant. Néanmoins il peut s'expliquer par l'utilisation de l'amortissement dégressif, applicable notamment aux matériels et outillages utilisés pour des opérations industrielles de fabrication, de transformation et de transport, ou pour des matériels et outillages destinés à des opérations de recherche scientifique ou technique (article 22 de l'annexe II du CGI).

2. La structure de bilan

Nous étudions le ratio de fonds de roulement (FDR) ainsi que le rapport FDR sur BFR et son ratio miroir « Dettes à court terme sur BFR ».

Ratio de fonds de roulement : ce ratio est également appelé ratio de couverture des immobilisations. C'est le rapport entre les capitaux permanents (capitaux propres et dettes à long terme) au numérateur et les immobilisations nettes au dénominateur. Un ratio supérieur à 100 % indique un fonds de roulement positif : les capitaux permanents sont supérieurs aux immobilisations nettes.

Ratio FDR sur BFR : c'est le rapport entre le fonds de roulement (numérateur) et le besoin en fonds de roulement (dénominateur). La norme est, d'une part, que le FDR soit positif (figurant au passif) et, d'autre part, qu'il finance au moins la moitié du BFR lorsque celui-ci est positif (figurant à l'actif). Le ratio doit donc être au moins égal à 50 %.

Le ratio miroir, *Ratio dettes à court terme sur BFR* consiste à rapprocher le montant des avances bancaires à court terme du BFR.

S'agissant du ratio complémentaire du précédent, la norme est donc de ne pas dépasser 50 %.

3. Le financement

Les ratios de cette rubrique mesurent l'effort de financement intrinsèque des actionnaires ou le comparent à celui des prêteurs de l'entreprise (concours financiers à long ou court terme).

Rapport capitaux propres sur total du bilan : les capitaux propres constituent un matelas de sécurité pour l'entreprise – en lui permettant l'absorption de pertes futures éventuelles – ainsi que pour ses créanciers ; en cas de besoin, les capitaux propres serviront à les rembourser par priorité sur les actionnaires. La recommandation du système bancaire est qu'ils représentent au moins 20 % du total du passif. Certains auteurs retiennent un ratio minimum de 25 % pour les entreprises industrielles ou de prestations de services, et de 20 % pour « les affaires de négoce qui bénéficient a priori d'une plus grande flexibilité aux fluctuations conjoncturelles » (Douhane A. & Rocchi J-M., 1995).

Ratio d'indépendance financière : ce ratio mesure la part qu'assument les actionnaires dans le financement à long terme de l'entreprise. Il compare les capitaux propres, au numérateur, aux capitaux permanents, c'est-à-dire le total formé par les capitaux propres et les dettes à long terme, au dénominateur. Le ratio doit être supérieur à 50 %. Si le dénominateur ne comprend que les dettes à long terme, le ratio doit être supérieur à 100 %. En effet, « le banquier classique refusera toujours d'assumer un risque supérieur à celui des actionnaires » (Douhane A. & Rocchi J-M., 1995). Lors de l'interprétation du ratio, il convient d'examiner la composition de l'endettement à long terme. En effet, celui-ci peut être constitué d'avances durables consenties à une entreprise par des sociétés du même groupe, qui renforcent son indépendance financière, mais diminuent son ratio.

Capacité d'endettement de l'entreprise : celle-ci s'apprécie en comparant les capitaux propres, au numérateur, aux dettes financières nettes, au dénominateur. Les dettes à prendre en compte sont l'ensemble des dettes donnant lieu au paiement d'intérêts, quelle que soit leur échéance, à long terme ou court terme. La recommandation est que les capitaux propres représentent entre 100 % et 160 % des dettes financières nettes, ou, ce qui revient au même, entre 50 % et 60 % du financement total, composé des capitaux propres et des dettes financières nettes. Lorsque ce ratio n'est pas respecté, il devient difficile de contracter un endettement supplémentaire.

Ratio de structure d'endettement (financier) : c'est le ratio inverse du précédent. Également appelé « levier » ou « *gearing* », il rapproche les dettes financières nettes, au numérateur, des capitaux propres, au dénominateur. Le recours à l'endettement augmente la rentabilité des capitaux propres tant qu'il est contracté à un coût inférieur au taux de rendement de l'activité de l'entreprise (Cottier J-N., 2022). C'est « l'effet de levier ».

Taux d'endettement global de l'entreprise : Ce ratio peut se calculer de deux façons, en rapprochant les dettes totales ou uniquement les dettes à long terme, au numérateur, du passif total au dénominateur. La seconde méthode, qui exclut les dettes d'exploitation, permet d'appréhender la politique d'endettement à long terme de l'entreprise.

Conclusion sur les ratios de structure : nous retenons comme ratios les plus significatifs le ratio FDR sur BFR, ou son ratio-miroir « Dettes à court terme sur BFR », ainsi que le ratio d'indépendance financière.

SECTION 2 – Les ratios de solvabilité

Ces ratios s'intéressent à la capacité de remboursement de l'entreprise (paragraphe 1), à son équilibre financier (paragraphe 2) et à sa liquidité (paragraphe 3).

1. La capacité de remboursement

Nous examinons celle-ci à l'aide de deux ratios : le coût apparent de l'endettement et le ratio de désendettement (ou capacité de remboursement des dettes).

Coût apparent de l'endettement : celui-ci s'obtient en comparant la charge d'intérêts à l'endettement total à court et long terme. Il fournit une première indication du degré de confiance des prêteurs dans la capacité de remboursement de l'entreprise. Charge d'intérêts et endettement doivent être pris pour leurs montants bruts. Le numérateur du ratio est constitué des intérêts payés par l'entreprise (ligne GR du compte de résultat) sans compensation avec ceux qu'elle a reçus. Lorsque l'entreprise recourt au crédit-bail, il convient d'ajouter la quote-part de frais financiers comprise dans la redevance. Le dénominateur, à savoir l'endettement total à court et long terme, est celui qui figure au passif du bilan, sans compensation avec les fonds (trésorerie positive, prêts) présents à l'actif. Un taux élevé peut s'expliquer par la difficulté de l'entreprise à trouver un financement. En revanche, il est plus difficile d'interpréter un taux faible, dans la mesure où celui-ci peut résulter d'un endettement contracté en cours d'exercice, n'ayant pas encore donné lieu à des intérêts sur une année pleine.

Ratio de désendettement (ou capacité de remboursement des dettes) : il existe deux méthodes pour calculer ce ratio, en prenant en considération les dettes à long terme, comparées à la CAF, ou l'ensemble des dettes financières nettes, comparées à l'EBE.

Le premier ratio (dettes à long terme sur CAF) vise à déterminer le nombre d'années nécessaires à l'entreprise pour rembourser ses dettes à long terme si elle y consacrait l'ensemble de sa capacité d'autofinancement. Hors cas particuliers (biens financés par des prêts de très longue durée), la norme est un délai de trois ou quatre ans au maximum. En tout état de cause, le ratio de désendettement doit être inférieur à la durée de vie moyenne des emprunts. Dans le cas contraire, la société ne possède pas la capacité de rembourser ses dettes à temps.

En ce qui concerne le second ratio (dettes financières nettes sur EBE), la norme est de ne pas dépasser trois ans.

2. L'équilibre financier

Nous examinons sous cette rubrique la couverture des frais financiers et celle du service de la dette.

Ratio de couverture des frais financiers (ou « petit équilibre ») : c'est le rapport EBE sur frais financiers (intérêts et charges assimilées). La norme est que l'EBE couvre au moins une fois et demie les frais financiers ou, ce qui revient au même, que ces derniers représentent moins de 67 % de l'EBE.

Toutefois, ce seuil apparaît critiquable. Après paiement de ses frais financiers, l'entreprise ne disposerait plus que de 33 % de son EBE pour faire face au solde de charges et de produits non compris dans l'EBE, si ce solde est négatif, honorer les échéances de remboursement de sa dette et financer son développement.

Ratio de couverture du service de la dette (ou « grand équilibre ») : le service de la dette est constitué par l'endettement à moins d'un an, les frais financiers et les loyers financiers (annuité de crédit-bail, par exemple). L'EBE doit représenter au moins 1,25 fois l'ensemble de ces paiements ou, ce qui revient au même, ceux-ci ne doivent pas dépasser 80 % de l'EBE. L'analyste préférera ce ratio, plus complet que le précédent.

Endettement contracté en cours d'exercice : nous rappelons que, dans ce cas, le montant des frais financiers, porté au compte de résultat, ne correspond pas à une année pleine ; le ratio présente donc une situation plus favorable que la réalité.

3. La liquidité

La liquidité est distincte de la trésorerie. Cette dernière fait référence à la manière dont l'entreprise équilibre son bilan. Nous avons vu que, lorsque les capitaux permanents ne couvrent pas la totalité de l'actif économique (immobilisations et BFR), l'entreprise complète son financement par de la trésorerie négative (en ressource). Dans le cas contraire, la société dégage une trésorerie positive (à l'actif de son bilan).

Les ratios de liquidité, quant à eux, s'intéressent à la capacité de l'entreprise à honorer ses paiements à une date déterminée.

Une entreprise est en cessation des paiements lorsqu'elle est dans l'impossibilité de faire face à son passif exigible, c'est-à-dire échu, avec son actif disponible. Celui-ci ne comprend pas les stocks, à moins qu'ils ne soient en cours de réalisation, ni les créances, sauf celles qui arrivent immédiatement à terme. En revanche, peuvent être pris en compte les concours financiers accordés par une banque, les liquidités apportées par le dirigeant, les moratoires accordés par les créanciers (article L631- 1, C. com. et jurisprudence citée par le C. com. Dalloz sous cet article). L'état de cessation des paiements ne se déduit pas de la seule constatation de l'existence d'un résultat déficitaire, ni de la comparaison des éléments du bilan (Chambre commerciale, 3 novembre 1992, pourvoi n° 90-16555 et 2 février 1999, pourvoi n° 95-15990).

Nous examinons les ratios de liquidité immédiate, de liquidité restreinte et de liquidité générale, qui comparent un nombre croissant de postes d'actif circulant, aux dettes à court terme.

Liquidité immédiate : ce ratio compare les actifs disponibles, à savoir les valeurs mobilières de placement, les disponibilités et les liquidités, au numérateur, aux dettes à court terme, au dénominateur. Le ratio doit être supérieur à 100 %. Les actifs disponibles doivent donc couvrir en totalité les dettes à court terme.

Liquidité restreinte : ce ratio compare les actifs disponibles et les créances, au numérateur, aux dettes à court terme, au dénominateur. Le ratio doit être supérieur à 100 %. Ce ratio est moins contraignant que le précédent, puisqu'il accepte qu'en supplément des actifs disponibles, les créances puissent contribuer à couvrir les dettes à court terme.

Liquidité générale : ce ratio se calcule ainsi : au numérateur, nous trouvons l'ensemble des actifs circulants (actifs disponibles, créances et stocks) et, au dénominateur, les dettes à court terme. Ce ratio est le moins contraignant. Comme les précédents, il doit être supérieur à 100 %.

Conclusion sur les ratios de liquidité : nous écartons l'ensemble de ces ratios car ils prennent en compte la totalité des dettes à court terme, alors qu'il conviendrait de ne retenir que le passif exigible, impossible à connaître à la seule lecture du bilan, et d'effectuer les comparaisons à chaque échéance de passif exigible. Le ratio de liquidité globale comprend, en outre, des actifs circulants très peu liquides, comme les encours de production.

Conclusion générale sur les ratios de solvabilité : nous retenons comme ratios les plus significatifs le ratio « Dettes financières nettes sur EBE », qui est l'une des versions du ratio de désendettement, et le ratio « Service de la dette sur EBE », ou « grand équilibre ».

SECTION 3 - Les ratios de gestion

Ces ratios rapprochent un indicateur instantané tiré du bilan, au numérateur, et un indicateur annuel tiré du compte de résultat, au dénominateur.

Le principal ratio de gestion est le ratio de BFR en jours de chiffre d'affaires, qui compare le niveau du BFR à la clôture de l'exercice au chiffre d'affaires de l'exercice.

Ratios de délai d'écoulement : chaque composant du BFR fait l'objet d'un ratio individuel mesurant son délai d'écoulement, c'est-à-dire le nombre de jours qu'il représente à la clôture de l'exercice par rapport à son montant annuel.

Ratios de rotation : en inversant le numérateur et le dénominateur des ratios de délai d'écoulement, nous obtenons le ratio de rotation correspondant. Par exemple, en divisant le stock final de marchandises par le coût d'achat des marchandises vendues durant l'exercice (CAMV), nous obtenons le délai d'écoulement du stock de marchandises. Le rapport inverse, le CAMV divisé par le stock final de marchandises, donne le ratio de rotation du stock de marchandises, c'est-à-dire le nombre de fois où celui-ci se renouvelle durant l'exercice.

Nous étudions le ratio de BFR en jours de chiffre d'affaires ainsi que les ratios individuels de ses composants : créances clients, dettes fournisseurs, coûts salariaux, stocks de matières premières, de marchandises, de produits finis ou stocks globaux. L'ensemble de ces ratios concernent l'exploitation de l'entreprise. À la fin de cette section, nous examinerons un ratio de gestion différent, d'ordre financier : le ratio de trésorerie nette (négative) sur chiffre d'affaires.

Les ratios de gestion s'exprimant en jours, le résultat obtenu doit être multiplié par 365.

BFR en jours de chiffre d'affaires : comme précisé plus haut, ce ratio compare le niveau du BFR à la clôture de l'exercice (numérateur) au chiffre d'affaires de l'exercice (dénominateur).

Sur le plan théorique, le ratio de BFR en jours de chiffre d'affaires est la résultante des ratios individuels de ses différentes composantes (stocks, clients et fournisseurs, etc.). Néanmoins, ces ratios individuels n'ont pas des dénominateurs uniformes. Il apparaît très difficile de les utiliser pour reconstituer un ratio global.

Délai de règlement des clients : ce ratio exprime le montant des créances clients non encaissées à la clôture de l'exercice en nombre de jours de chiffre d'affaires.

Le numérateur du ratio est composé du poste « Clients et comptes rattachés » pour son montant net (c'est-à-dire, après déduction des provisions), et du montant des effets escomptés et non échus (EENE), desquels sont déduits les avances et acomptes reçus par l'entreprise sur commandes clients en cours (poste de passif).

Les créances clients sont comptabilisées TTC, alors que le chiffre d'affaires (dénominateur du ratio) est HT. Afin d'obtenir un numérateur et un dénominateur homogènes, le chiffre d'affaires doit être majoré de la TVA.

Nous rappelons que « le délai convenu entre les parties pour régler les sommes dues ne peut dépasser soixante jours » (article L441-6, paragraphe I, alinéa 9, C. com.). Compte tenu de la territorialité des lois, cette règle du droit français est plus difficile à faire respecter lorsque le client est étranger.

Délai de règlement des fournisseurs : ce ratio exprime le montant des dettes fournisseurs non réglées à la clôture de l'exercice en nombre de jours d'achats.

Nous ne retenons que les dettes d'exploitation, à l'exclusion des dettes à l'égard des fournisseurs d'immobilisations, qui font partie du cycle d'investissement.

Le numérateur se compose des « Dettes fournisseurs et comptes rattachés » (poste de passif) dont sont déduits les « Avances et acomptes sur commandes » versés par l'entreprise (poste d'actif). L'ensemble de ces postes inclut la TVA.

Le dénominateur comprend l'ensemble des postes d'achats, comptabilisés HT au compte de résultat, qui doivent donc être majorés de la TVA : achats de marchandises, achats de matières premières et autres approvisionnements, autres achats et charges externes.

La règle du Code de commerce relative au délai de règlement maximal de soixante jours est également applicable.

Délai de règlement des coûts salariaux : ce ratio rapproche le montant des dettes sociales non réglées à la clôture de l'exercice (numérateur) de l'ensemble des charges de cette nature au titre de l'exercice (dénominateur). Les dettes figurent sur le formulaire n° 2057, lignes 8C, « Personnel et comptes rattachés », et 8D, « Sécurité sociale et autres organismes sociaux ». Elles sont TTC. Les charges de l'exercice, constituées des postes « Salaires et traitements » et « Charges sociales », HT au compte de résultat, doivent être majorées de la TVA.

Délai d'écoulement du stock de matières premières : ce ratio exprime le stock de matières premières en nombre de jours de consommation. Le stock de matières premières, qui figure au bilan, est divisé par le coût d'achat des matières premières consommées (CAMC), égal au poste achats de l'exercice corrigé de la variation de stocks au compte de résultat. Numérateur et dénominateur, valorisés au coût d'acquisition HT, sont homogènes.

Délai d'écoulement des stocks de marchandises : ce ratio exprime le stock de marchandises en nombre de jours de ventes. Son mode de calcul, analogue à celui du paragraphe précédent, consiste à diviser le montant du stock de marchandises par le coût d'achat des marchandises vendues (CAMV). Le stock de marchandises figure au bilan. Le CAMV correspond au poste achats de l'exercice corrigé de la variation de stocks au compte de résultat. Numérateur et dénominateur, valorisés au coût d'acquisition HT, sont homogènes.

Délai d'écoulement des produits finis : ce ratio exprime le stock de produits finis en nombre de jours de ventes. Il s'obtient en divisant le stock de produits finis par le prix de revient des produits vendus (PRPV). Le stock de produits finis figure au bilan, valorisé au coût de production. En revanche, les coûts entrant dans la composition du PRPV ne sont pas identifiés spécifiquement dans le compte de résultat, puisque les comptes de charges d'exploitation sont communs à tous les comptes de produits d'exploitation. Une solution empirique consiste à retenir comme PRPV le total des charges d'exploitation, diminué forfaitairement de la « Production stockée » et de la « Production immobilisée ». Cette méthode ne peut s'appliquer qu'à une entreprise purement industrielle n'ayant pas d'activité de vente de marchandises. Numérateur et dénominateur du ratio, HT, sont homogènes.

Délai d'écoulement des stocks globaux : d'une manière générale, il s'agira de diviser les stocks globaux (à l'actif) par le chiffre d'affaires. Numérateur et dénominateur, HT, sont homogènes. Dans une entreprise purement industrielle, les stocks globaux seront divisés par le PRPV.

Utilisation du stock moyen : pour le calcul des ratios de délai d'écoulement des stocks, il est possible de remplacer au numérateur le stock final par le stock moyen, soit stock initial de l'exercice N (stock final de l'exercice N−1) + stock final de l'exercice N, divisés par deux.

Ratio de trésorerie nette (négative) sur chiffre d'affaires : certains auteurs admettent que les concours bancaires courants puissent représenter jusqu'à deux mois de chiffre d'affaires. D'autres retiennent une limite plus faible, par exemple vingt jours de chiffre d'affaires. L'évolution de ce ratio fournit une bonne indication du degré de maîtrise de l'entreprise sur sa trésorerie. Cependant, le chiffre d'affaires mesure le volume d'activité et non le besoin de financement (même si, comme nous l'avons vu au chapitre 4, section 3, il existe une certaine proportionnalité entre ces deux paramètres). L'analyste financier préférera le ratio « Dettes à court terme sur BFR » (cf. section 1, paragraphe 2) qui présente un lien direct avec les besoins à financer.

Conclusion sur les ratios de gestion : nous retenons comme ratio le plus significatif le ratio « BFR en jours de chiffre d'affaires ». Les ratios individuels sont utiles pour identifier et quantifier de façon précise les causes de son évolution.

SECTION 4 – Les ratios d'exploitation

Ceux-ci s'intéressent à l'activité (paragraphe 1), à la rentabilité de l'exploitation (paragraphe 2) ou à la productivité (paragraphe 3).

1. L'activité

Le taux de variation du chiffre d'affaires rapporte le chiffre d'affaires de l'année N au chiffre d'affaires de l'année N-1. Le taux d'exportation compare les exportations et livraisons intracommunautaires au chiffre d'affaires global.

2. La rentabilité de l'exploitation

Mesurer la rentabilité de l'exploitation consiste à rapprocher l'EBE ou le résultat d'exploitation (REX) des moyens mis en œuvre pour les obtenir. Nous examinons les ratios de rentabilité de l'actif économique (ou ROCE), de rentabilité brute du capital d'exploitation et de rentabilité des capitaux investis (ou ROIC).

Rentabilité de l'actif économique : ce ratio est également appelé *Return On Capital Employed* (ROCE) : rentabilité des capitaux employés. Au numérateur figure le REX, au dénominateur l'actif économique (AE), qui correspond aux immobilisations, y compris les biens pris en crédit-bail, auxquelles s'ajoute le BFR.

La rentabilité économique d'une entreprise est la combinaison d'une marge et d'un ratio de rotation.

Nous pouvons en effet écrire que :

REX / AE = (REX / CA) x (CA / AE)

Sachant que REX / CA est le ratio de marge opérationnelle, ou marge d'exploitation (cf. section 5) et que CA / AE est un ratio de rotation, qui exprime l'efficacité de l'actif économique, c'est-à-dire le nombre de fois où l'actif économique se transforme en chiffre d'affaires.

Cette décomposition du ROCE permet de mettre en évidence que, pour développer la rentabilité des capitaux employés, il existe deux leviers opérationnels : augmenter les marges et le chiffre d'affaires.

Différentes variantes de cet indicateur existent.

Au numérateur il est possible de ne prendre en compte que le résultat d'exploitation après impôt, soit REX x (1 – taux d'IS).

Toutefois, la principale variante consiste à utiliser au numérateur l'EBIT, qui équivaut approximativement au REX, mais qui, à la différence de ce dernier, intègre les produits et les charges exceptionnels.

Taux de rentabilité brute du capital d'exploitation : ce ratio, utilisé par la Banque de France, rapporte l'EBE au capital d'exploitation. Au niveau de l'EBE, les amortissements et provisions d'exploitation n'ont pas encore été déduits. Ils ne sont déduits que pour le calcul du REX. Ce ratio possède des particularités : les « Autres produits » et les « Autres charges » d'exploitation sont intégrés dans l'EBE ; le capital d'exploitation est constitué des immobilisations d'exploitation prises pour leur valeur brute et du BFR d'exploitation (BdF, 2022a, 2022b).

Rentabilité des capitaux investis : ce ratio est également appelé *Return On Invested Capital* (ROIC). Comme nous l'avons vu, les capitaux investis correspondent aux capitaux propres et aux dettes à long terme. Le ratio mesure le rapport entre le REX, au numérateur, et les capitaux investis, au dénominateur.

3. La productivité

Les ratios de ce type rapportent un flux de richesse créée à un facteur de production. L'indicateur le plus utilisé consiste à rapprocher la valeur ajoutée (au numérateur) des salaires bruts ou de l'effectif moyen (au dénominateur).

Lorsque ce sont les salaires bruts qui figurent au dénominateur, le résultat correspond au montant de valeur ajoutée procuré par chaque euro dépensé en frais de personnel.

En divisant la valeur ajoutée par l'effectif moyen, nous obtenons le montant de valeur ajouté procuré par chaque poste salarié. En France, en 2017, ce ratio était de 87 000 euros en moyenne, dans les entreprises appartenant aux secteurs marchands non agricoles et non financiers, hors micro-entrepreneurs (Kremp E. & Sklénard G., 2019). Les salaires n'étant pas inclus dans le calcul de la valeur ajoutée, celle-ci doit les couvrir, comme les amortissements ou les frais financiers. De ce fait, une entreprise dont le ratio de productivité est proche du salaire minimal ne dispose d'aucune marge de manœuvre.

Conclusion sur les ratios d'exploitation : nous retenons comme les plus significatifs, le ratio de rentabilité de l'actif économique (ROCE) et le ratio de rentabilité des capitaux investis (ROIC) qui utilisent le REX.

SECTION 5 – Les ratios de marge

Ils rapprochent deux indicateurs tirés du compte de résultat. La plupart d'entre eux rapportent un solde ou un résultat intermédiaire (au numérateur) au chiffre d'affaires ou à une partie spécifique de celui-ci (au dénominateur). Nous examinerons dans le paragraphe 1 les ratios de marge se référant au chiffre d'affaires global, et dans le paragraphe 2 ceux se référant à une partie spécifique de celui-ci. Un ratio, le rapport EBE sur valeur ajoutée, compare deux soldes entre eux (paragraphe 3).

1. Ratios se référant au chiffre d'affaires global

Nous étudions successivement le taux de valeur ajoutée, le taux de marge brute, le taux de marge opérationnelle (ou taux de marge d'exploitation), le taux de marge courante, le taux d'excédent brut global et le taux de marge bénéficiaire.

Taux de valeur ajoutée : c'est le rapport « Valeur ajoutée » sur « Chiffre d'affaires ». Nous rappelons que la valeur ajoutée s'obtient en additionnant la marge commerciale et la production de l'exercice, et en y retranchant les consommations en provenance de tiers, à l'exception des frais de personnel extérieur et des annuités de crédit-bail. Une valeur ajoutée forte reflète des transformations importantes effectuées par l'entreprise, alors qu'une valeur ajoutée faible s'explique par un recours important aux consommations en provenance des tiers, notamment la sous-traitance.

Le taux de valeur ajoutée varie de façon très importante d'un secteur à l'autre. En 2020, il était de 66,5 % dans le secteur de l'enseignement, de la santé humaine et de l'action sociale, de 26,6 % dans l'industrie et de 16,5 % dans le commerce (INSEE, 2022a).

Taux de marge brute : c'est le rapport EBE sur chiffre d'affaires.

Taux de marge opérationnelle (ou taux de marge d'exploitation) : c'est le rapport « Résultat d'exploitation » sur « Chiffre d'affaires ». Il indique le caractère plus ou moins profitable de l'exploitation de la société.

Il est influencé par les reprises et dotations aux amortissements et provisions d'exploitation, qui sont des produits et des charges calculés. C'est la raison pour laquelle le taux de marge brute lui est souvent préféré.

Taux de marge courante : ce ratio se calcule en rapportant le résultat courant au chiffre d'affaires. Le résultat courant, qui est l'addition du résultat d'exploitation, des opérations en commun et du résultat financier, exprime la performance de l'entreprise dans son activité normale.

Taux d'excédent brut global : la Banque de France précise que « l'excédent brut global complète l'excédent brut d'exploitation en prenant en compte les opérations hors exploitation (opérations à la commission, opérations financières, opérations exceptionnelles et transferts de charges) » (BdF, 2017). Nous considérons donc que cet indicateur peut se calculer, soit en additionnant les résultats courant et exceptionnel, soit en ajoutant au résultat net la participation des salariés et l'impôt sur les bénéfices. Le taux d'excédent brut global s'obtient en rapportant cet indicateur au chiffre d'affaires (BdF, 2022a, 2022b).

Taux de marge bénéficiaire : c'est le résultat net rapporté au chiffre d'affaires.

2. Ratios se référant à une partie du chiffre d'affaires

Il s'agit du taux de marge commerciale et du taux de marque, ainsi que du taux de marge industrielle sur la production.

Taux de marge commerciale et taux de marque : nous rappelons que la marge commerciale est la différence entre le montant des « Ventes de marchandises » et le coût d'achat des marchandises vendues (CAMV).

Taux de marge commerciale (ou taux de marge sur coûts) : il consiste à rapporter la marge commerciale au CAMV. Ce ratio mesure la capacité du commerçant à répercuter les hausses de coût des marchandises qu'il achète dans son activité de revente au client final.

Taux de marque (taux de marge sur ventes) : c'est le rapport entre la marge commerciale et le montant des « Ventes de marchandises ». Cet indicateur est très utilisé pour les comparaisons entre entreprises commerciales. Il est également pertinent pour l'activité d'achat-revente des entreprises industrielles.

Taux de marge industrielle sur la production : il convient tout d'abord de définir la notion de « marge industrielle sur la production ». Celle-ci, qui est également appelée « marge sur consommation de matières », est la différence entre la « Production de l'exercice » et le coût d'achat des matières premières consommés (CAMC).

> *La marge sur consommation de matières caractérise la position qu'occupe l'entreprise entre le marché des produits finis (clients et concurrents) et le marché des matières premières (fournisseurs). Elle est d'autant plus pertinente que la production immobilisée ne revêt pas un caractère important* (Quiry, P. & Le Fur, Y., 2022).

Cette dernière représente en effet les biens que l'entreprise produit pour elle-même et qui ne seront donc pas vendus. Dans cet ouvrage, nous excluons la « Production immobilisée » du calcul de la marge industrielle sur la production, qui est donc égale à la différence entre, d'une part, la « Production vendue de biens » majorée de la « Production stockée », et, d'autre part, le « CAMC » diminué forfaitairement d'un montant égal à la « Production immobilisée ».

Le rapport entre la marge ainsi calculée (au numérateur) et l'ensemble formé par la « Production vendue de biens » et la « Production stockée » (au dénominateur) donne le taux de marge industrielle sur la production.

3. Taux de marge (industriel) : rapport EBE sur valeur ajoutée

Le taux de marge, ou taux de marge industriel, a pour objet de mettre en évidence ce qui reste à l'entreprise, au niveau de l'exploitation, pour rémunérer le capital de production et investir, une fois déduites les charges de personnel. Il existe deux façons de le calculer, en rapportant l'EBE à la valeur ajoutée (VA) ou à la valeur ajoutée aux coûts des facteurs (VACF). Nous retenons cette dernière méthode, davantage significative, puisqu'EBE et VACF ne diffèrent que par les charges de personnel, absentes dans le premier indicateur, présentes dans le second.

Le taux de marge, entendu comme EBE sur VACF, varie de façon très importante. Il est de 63,5 % dans l'immobilier, de 44,3 % dans l'enseignement, la santé humaine et l'action sociale, de 28,1 % dans le commerce, de 26,7 % dans l'industrie et de 9,9 % dans les transports et l'entreposage (INSEE, 2022b).

> *Un taux de marge élevé résulte en général de la mise en œuvre d'un capital d'exploitation important ; il n'implique pas nécessairement une rentabilité économique forte (l'EBE devant alors être rapporté à ce capital d'exploitation), mais il peut permettre de financer les investissements* (INSEE, 2021).

Conclusion sur les ratios de marge : nous retenons comme ratios les plus significatifs le taux de marge brute (EBE sur chiffre d'affaires), le taux de marque et le taux de marge industrielle sur la production.

SECTION 6 – Ratio de rentabilité financière

Le ratio de rentabilité financière, également appelé *Return On Equity* (ROE), mesure le rapport entre le résultat net (au numérateur) et les fonds propres (au dénominateur), soit le retour sur investissement des actionnaires.

Il peut se décomposer ainsi :

ROE = (RN / CA) x (CA / CI) x (CI / CP)

Sachant que le rapport RN / CA, soit le résultat net sur le chiffre d'affaires, est le taux de marge bénéficiaire,

- que le rapport CA / CI, soit le chiffre d'affaires sur les capitaux investis, est un ratio de rotation, qui exprime la capacité des capitaux investis (capitaux propres et dettes à long terme) à se transformer en chiffre d'affaires,

- et que le rapport CI / CP, soit les capitaux investis sur les capitaux propres, est un ratio de structure financière. C'est l'inverse du ratio d'indépendance financière que nous avons mentionné à la section 1, paragraphe 3. Nous savons que, du fait de l'effet de levier, le recours à l'endettement augmente la rentabilité des capitaux propres lorsque le coût de l'endettement est inférieur au taux de rendement de l'activité de l'entreprise.

Cette décomposition du ROE démontre que, pour augmenter la rentabilité financière des actionnaires, les leviers sont l'augmentation de la marge bénéficiaire, l'augmentation du chiffre d'affaires et, sous réserve que le coût de l'endettement soit inférieur au taux de rendement de l'activité de l'entreprise, l'augmentation des dettes à long terme.

CHAPITRE 11
LES RATIOS DE LA SOCIÉTÉ PRIOR

La société Prior fabrique et commercialise des instruments utilisés dans l'industrie pour des mesures ou des contrôles en cours de production sur différents types de matériaux. Elle réalise un peu moins de la moitié de son chiffre d'affaires à l'export. L'entreprise appartient au secteur de la fabrication de produits informatiques, électroniques et optiques.

Après avoir présenté son bilan financier (section 1), son compte de résultat financier (section 2), sa capacité d'autofinancement (section 3), nous calculerons ses ratios (section 4).

SECTION 1 – Le bilan financier de la société Prior

Celui-ci se présente de la façon suivante :

Tableau 11.1 – Bilan financier de la société Prior – exercice N – (en milliers d'euros)

ACTIF		PASSIF	
Immobilisations hors exploitation	1 870	Capitaux propres	16 031
Immobilisations d'exploitation (note 1)	8 151	Dettes à long terme	5 221
BFR (note 2)	20 698		
Trésorerie active	253	Trésorerie passive	9 720
Total actif	**30 972**	**Total passif**	**30 972**

Remarques : les capitaux propres s'élevaient dans le bilan comptable à 21 191 000 euros. Ils ont été réduits du montant des frais de développement et de l'écart de conversion actif, considérés comme des non-valeurs, ainsi que de l'impôt latent sur la provision pour amortissement dérogatoire.

La partie à plus d'un an des emprunts et dettes auprès des établissements de crédit s'élève à 2 500 000 euros ; celle à moins d'un an, qui a été reclassée en trésorerie passive, à 7 370 000 euros.

Les dettes sociales ne contiennent pas de dette de participation.

Note 1 : le détail des immobilisations d'exploitation, avec mention des valeurs brutes, des amortissements et des valeurs nettes, figure dans le tableau 11.2. Nous aurons besoin de ces informations dans la suite du chapitre.

Note 2 : la composition détaillée du BFR avec l'indication des chiffres de l'exercice précédent figure dans le tableau 11.3. Ces informations nous seront également nécessaires.

Analyse du bilan financier : les capitaux permanents (capitaux propres et dettes à long terme) qui s'élèvent à 21 252 000 euros couvrent largement les immobilisations (10 021 000 euros) en dégageant un fonds de roulement de 11 231 000 euros.

Cependant, celui-ci est insuffisant pour couvrir le BFR (20 698 000 euros). Le complément de financement est apporté par des concours bancaires à court terme (trésorerie nette négative de 9 467 000 euros) qui financent 46 % du BFR, ce qui reste dans les limites admises, mais s'approche du maximum, la norme étant de ne pas dépasser 50 %.

Il apparaît donc souhaitable que Prior renforce ses capitaux propres. L'autre composante des capitaux permanents, les dettes à long terme, destinée uniquement au financement d'emplois à long terme, est inappropriée pour des besoins à court terme.

Tableau 11.2 – Détail des immobilisations d'exploitation – société Prior – exercice N – (en milliers d'euros)

	Valeur brute	Amortissements cumulés	Valeur nette
Brevets	1 600	977	623
Terrains	400		400
Constructions	3 200	2 360	840
Installations outillage matériel	11 050	4 762	6 288
Totaux	16 250	8 099	8 151

Nous rappelons que les terrains ne s'amortissent pas.

Tableau 11.3. – BFR comparé des exercices N et N-1 – Société Prior – (en milliers d'euros)

Actif circulant (stocks)	Clôture de l'exercice N	Clôture de l'exercice N-1
Matières premières et approvisionnements	2 701	3 220
Encours de production de biens	7 263	2 110
Encours de production de services	2 217	2 005
Produits intermédiaires et finis	6 635	1 000
Marchandises	290	408
Total stocks	*19 106*	*8 743*

Actif circulant (hors stocks)	Clôture de l'exercice N	Clôture de l'exercice N-1
Clients et comptes rattachés	17 232	16 470
EENE	2 350	1 810
Autres créances	1 321	1 130
Charges constatées d'avance	951	712
Total actif circulant hors stocks	*21 854*	*20 122*

Total actif circulant	**40 960**	**28 865**

Passif circulant	Clôture de l'exercice N	Clôture de l'exercice N-1
Dettes fournisseurs et comptes rattachés	13 460	8 110
Dettes fiscales et sociales	4 742	1 870
Produits constatés d'avance	2 060	4 635

Total passif circulant	**20 262**	**14 615**

BFR	**20 698**	**14 250**

SECTION 2 – Le compte de résultat financier de la société Prior

Celui-ci est présenté dans le tableau 11.4. Nous examinerons, dans le tableau 11.5, l'incidence de la « Production immobilisée ». Nous verrons que le résultat de l'exercice aurait été très différent sans celle-ci qui permet de neutraliser des charges et d'inscrire leur montant à l'actif où elles seront amorties. Enfin, le compte de résultat financier ne mettant pas en exergue le chiffre d'affaires, nous indiquons celui-ci dans le tableau 11.6, avec rappel des chiffres de l'exercice précédent. Nous aurons besoin de ces informations dans la suite du chapitre.

Tableau 11.4 – Compte de résultat financier – société Prior – exercice N – (en milliers d'euros)

Le formulaire n° 2058-C, qui donne le détail du poste « Autres achats et charges externes », fait état de frais de personnel extérieur pour 890 000 euros. Nous réintégrons ce montant dans la valeur ajoutée. Sa déduction interviendra lors du calcul de l'EBE. C'est le seul retraitement. Logiquement, compte tenu de l'absence de dette de participation au bilan, le formulaire n° 2053 ne contient pas de charge de participation (ligne HJ). Il ne mentionne pas non plus de redevance de crédit-bail (lignes HP ou HQ). Dans le tableau ci-après, les charges sont précédées du signe moins.

Ventes de marchandises	4 899
Achats de marchandises	– 3 578
Variation positive de stock (déstockage) (note 1)	– 118
Marge commerciale	**1 203**

Production vendue de biens	119 230
Production vendue de services	4 542
Production stockée (note 2)	11 000
Production immobilisée	3 038
Production de l'exercice	**137 810**

Marge commerciale	*1 203*
Production de l'exercice	*137 810*
Achats de matières premières et autres approvisionnements	– 48 090
Variation positive de stock (déstockage) (note 3)	– 519
Autres achats et charges externes	– 34 250
Frais de personnel extérieur	890
Valeur ajoutée	**57 044**

Impôts taxes et versements assimilés	– 1 340
Valeur ajoutée aux coûts des facteurs	**55 704**
Salaires et traitements (note 4)	– 31 905
Charges sociales	– 14 321
Frais de personnel extérieur	– 890
EBE	**8 588**

Dotations aux amortissements sur immobilisations	– 4 316
Résultat d'exploitation	**4 272**

Différence positive de change	781
Total produits financiers	**781**
Intérêts et charges assimilées	– 495
Différence négative de change	– 300
Total charges financières	**– 795**
Résultat financier	**–14**

Résultat d'exploitation	*4 272*
Résultat financier	*–14*
Résultat courant avant impôt	**4 258**

Produits exceptionnels sur opérations de gestion	2
Produits exceptionnels sur opérations en capital	21
Total produits exceptionnels	**23**
Charges exceptionnelles sur opérations de gestion	– 34

Charges exceptionnelles sur opérations en capital	– 40
Total charges exceptionnelles	**–74**
Résultat exceptionnel	**–51**

Impôt sur les bénéfices	**–1 170**

Résultat net	**3 037**

Note 1 : Le tableau 11.3 fait état, en ce qui concerne les marchandises, d'un stock initial (SI) de 408 et d'un stock final (SF) de 290. La variation de stock (SI – SF) représente donc un montant positif de 118 (déstockage). Le coût d'achat des marchandises vendues (à déduire des ventes de marchandises pour obtenir la marge commerciale) comprend le montant des achats (3 578) et la variation positive de stock (118), qui représente un coût supplémentaire.

Note 2 : La production stockée est égale à la différence entre les stocks finaux d'encours de production de biens, d'encours de production de services et de produits intermédiaires et finis (SF) et les stocks initiaux des mêmes biens (SI). Dans le tableau 11.3, nous relevons des stocks finaux de 7 263 + 2 217 + 6 635, soit 16 115, et des stocks initiaux de 2 110 + 2 005 + 1 000, soit 5 115, ce qui représente une différence positive (stockage) de 11 000, augmentant les produits de l'exercice.

Note 3 : Le tableau 11.3 mentionne, en ce qui concerne les matières premières et approvisionnements, un stock initial de 3 220 et un stock final de 2 701, soit une variation positive (déstockage) de 519 qui vient en supplément du coût des achats.

Note 4 : Bien que le bénéfice (3 037 000 euros) soit supérieur à 5 % du montant des capitaux propres figurant au bilan comptable (21 191 000 euros), il n'y a pas de participation. En l'absence d'informations, nous ne pouvons que formuler des hypothèses : il se pourrait que la société ait imputé des déficits antérieurs ou qu'elle ait été créée il y a moins de trois ans (cf. chapitre 3, section 4).

Tableau 11.5 – Compte de résultat financier – société Prior – exercice N – (en milliers d'euros) – sans la « Production immobilisée »

Marge commerciale	1 203
Production de l'exercice (note 1)	134 772
Valeur ajoutée	54 006
Valeur ajoutée aux coûts des facteurs	52 666
EBE	5 550
Résultat d'exploitation	1 234
Résultat financier	−14
Résultat courant avant impôt	1 220
Résultat exceptionnel	– 51
Impôt sur les bénéfices	– 293
Résultat net	876

Note 1 : total de la « Production vendue de biens », de la « Production vendue de services » et de la « Production stockée ».

Nous avons fait le choix de maintenir la « Production immobilisée » dans la « Production de l'exercice ». En effet, dans le secteur de la haute technologie, certaines immobilisations ne peuvent être créées que par l'entreprise elle-même. Nous nous référerons donc au tableau 11.4.

Tableau 11.6 - Chiffres d'affaires comparés des exercices N et N−1 – société Prior – (en milliers d'euros)

	Exercice N	Exercice N-1
Vente de marchandises	4 899	4 950
Production vendue de biens	119 230	110 453
Production vendue de services	4 542	4 810
Total chiffre d'affaires (HT)	128 671	120 213

Le chiffre d'affaires de l'année N se répartit entre la France (53 %), et les exportations et livraisons intracommunautaires (47 %).

SECTION 3 – La capacité d'autofinancement de la société Prior

Nous calculerons la CAF par les méthodes descendante et ascendante.

Tableau 11.7. – Calcul de la CAF – méthode descendante – société Prior – Exercice N – (en milliers d'euros)

Excédent brut d'exploitation	**8 588**
+ produits financiers	781
– charges financières	– 795
+ produits exceptionnels	23
– produits de cessions d'éléments d'actif	– 21
– charges exceptionnelles	– 74
+ valeur nette comptable des éléments d'actif cédés	+ 40
– impôt sur les bénéfices	– 1 170
= capacité d'autofinancement de l'exercice (CAF)	**7 372**

Tableau 11.8. – Calcul de la CAF – méthode ascendante – société Prior – Exercice N – (en milliers d'euros)

Résultat net	**3 037**
+ dotations aux amortissements sur immobilisations	4 316
+ valeur nette comptable des éléments d'actif cédés	40
– produits des cessions d'éléments d'actif	– 21
= capacité d'autofinancement (CAF)	**7 372**

MBA : au titre de l'exercice N, la société Prior n'a enregistré ni dotation, ni reprise de provision sur actifs circulants ou pour perte de change sur actifs et passifs circulants. En outre les cessions d'éléments d'actif auxquelles elle a procédé se sont traduites par une moins-value. Dans ces conditions, il n'y a aucun retraitement à effectuer. La MBA est identique à la CAF.

SECTION 4 – Les ratios de la société Prior

Nous essayerons de répondre aux questions suivantes : L'entreprise est-elle performante dans l'exercice de ses activités (paragraphe 1), rentable (paragraphe 2), solvable (paragraphe 3) ? A-t-elle la capacité d'attirer de nouveaux investisseurs (paragraphe 4) ?

1. L'entreprise est-elle performante dans l'exercice de ses activités ?

Nous utilisons les ratios d'exploitation (paragraphe a) et de gestion (paragraphe b).

a) Ratios d'exploitation

En premier lieu, nous comparons les résultats obtenus par la société dans son exploitation (résultat d'exploitation et EBE) avec les moyens mis en œuvre : actif économique, capitaux investis et capital d'exploitation. Nous nous intéressons ensuite à l'évolution du chiffre d'affaires et au niveau de renouvellement des immobilisations d'exploitation.

Rentabilité de l'actif économique (ROCE) : c'est le rapport « Résultat d'exploitation » sur « Actif économique » (immobilisations et BFE).

Dans le cas de Prior, le ROCE s'élève à 4 272 / 30 719, soit 13,90 %.

Rentabilité des capitaux investis (ROIC) : ce ratio, qui mesure le rapport entre le REX, au numérateur, et les capitaux investis, au dénominateur, est de 20 % chez Prior. Nous rappelons que les capitaux investis correspondent aux capitaux propres et aux dettes à long terme. La meilleure performance du ROIC par rapport au ROCE s'explique par le fait que les capitaux investis (21 252) sont inférieurs à l'actif économique (30 719), qu'ils ne financent qu'en partie. Le complément de financement est assuré par les dettes à court terme, non prises en compte dans le dénominateur du ROIC.

Taux de rentabilité brute du capital d'exploitation : selon la définition qu'en retient la Banque de France, ce ratio comporte, au numérateur, l'EBE, auquel sont intégrés les « Autres produits » et « Autres charges » d'exploitation et, au dénominateur, l'actif économique composé des immobilisations d'exploitation prises pour leur valeur brute, et du BFE. Prior possède un ratio de 8 588 / 36 948, soit 23,2 %, ce qui la place dans la moitié supérieure des entreprises de son secteur. En 2021, dans le secteur de la fabrication de produits informatiques, électroniques et optiques, ce ratio était inférieur à 12,7 % pour 50 % des entreprises (BdF, 2022b).

Taux de variation du chiffre d'affaires : par rapport à l'exercice précédent, Prior enregistre une augmentation de son chiffre d'affaires de 7 %, ce qui est faible comparativement aux entreprises du secteur. Seules 50 % d'entre elles ont connu en 2021 une progression de leur chiffre d'affaires inférieure à 10 % (BdF, 2022b).

Ratio de renouvellement des immobilisations d'exploitation : la valeur nette des immobilisations d'exploitation amortissables (7 751) représente 49 % de leur valeur brute (15 850), ce qui peut paraître faible, sous réserve du recours par la société à l'amortissement dégressif. Il semble en effet que le rythme d'amortissement soit rapide. L'annuité d'amortissement (4 316) représente 27 % de la valeur brute des immobilisations amortissables.

En conclusion : les ratios démontrent une bonne rentabilité brute du capital d'exploitation, mais une progression du chiffre d'affaires inférieure à celle du secteur.

b) Ratios de gestion

Nous calculons le BFR en jours de chiffre d'affaires de l'exercice N, et son évolution par rapport à l'exercice N−1. Nous comparons ensuite les postes d'actif et de passif circulants des deux exercices. Enfin, nous étudions le délai de règlement moyen des clients et des fournisseurs.

BFR en jours de chiffre d'affaires : entre la clôture de l'exercice N−1 et celle de l'exercice N, la situation de Prior s'est dégradée, son ratio de BFR en jours de chiffre d'affaires passant de 43 jours à 59 jours (+37 %).

Comparaison des postes d'actif et de passif circulants aux bilans des exercices N et N-1 : l'augmentation du BFR est due principalement à deux postes de stocks : les stocks d'encours de production de biens et les stocks de produits intermédiaires et finis. La croissance de la société en année N inférieure à celle des entreprises de son secteur peut expliquer, au moins partiellement, ce surstockage.

Délai moyen de règlement des clients et des fournisseurs : les parties ne pouvant convenir d'un délai de règlement supérieur à soixante jours (article L441-6, paragraphe I, alinéa 9, C. com.), le non-respect de ce délai peut révéler des difficultés de l'entreprise, soit à régler ses fournisseurs, soit à se faire régler par ses clients. Il est toutefois difficile d'imposer ce délai maximal dans des relations commerciales avec des clients étrangers. Quoiqu'il en soit, dans le cas de Prior, le délai moyen de paiement des dettes fournisseurs est de 47 jours, le délai moyen de règlement des clients de 46 jours. Ces ratios ne révèlent pas d'anomalie.

En conclusion des ratios de gestion : nous retenons une augmentation importante du BFR de la société Prior entre la clôture de l'exercice N−1 et celle de l'exercice N.

2. L'entreprise est-elle rentable ?

Cette question sera examinée au regard des ratios de marge. En premier lieu, nous étudions le taux de marque, le taux de marge industrielle sur la production et le taux de marge brute (EBE sur chiffre d'affaires), dont nous avons conclu au chapitre précédent qu'ils étaient les plus significatifs (paragraphe a). Les autres ratios de marge feront l'objet du paragraphe b.

a) Taux de marque, taux de marge industrielle sur la production et taux de marge brute

Taux de marque : Prior réalise une performance faible, 24,5 %, qui la situe dans la moitié inférieure des entreprises de son secteur. En 2021, 50 % des entreprises du secteur ont un ratio « marge commerciale sur vente de marchandises » inférieur à 36,9 % (BdF, 2022b).

Taux de marge industrielle sur la production : chez Prior, la production de biens de l'exercice hors « Production immobilisée » (soit le total formé par la « Production vendue de biens » et la « Production stockée ») s'élève à 130 230. Les achats consommés de matières premières et autres approvisionnements, après déduction d'un montant égal à la « Production immobilisée », s'établissent à 45 571. La marge industrielle sur production est donc de 84 659. Le taux de marge industrielle sur la production (84 659 / 130 230, soit 65 %) apparaît faible, et place Prior dans la moitié inférieure des entreprises de son secteur où, en 2021, 50 % des entreprises avaient un taux de marge industrielle sur production inférieur à 69,4 % (BdF, 2022b).

Taux de marge brute : l'EBE de Prior représente 6,7 % du chiffre d'affaires, ce qui est faible pour une entreprise industrielle. « Les niveaux moyens du ratio sont de 0,5 à 1 % dans le négoce, de 7 à 10 % dans l'industrie ou de 4 à 5 % dans les autres activités » (La Bruslerie H. de, 2014).

En conclusion de ces trois premiers ratios : Prior présente un niveau de rentabilité faible. Les amortissements ne sont pas en cause. Ils n'entrent pas en ligne de compte dans le calcul des trois ratios.

b) Autres ratios de marge

Le *taux de valeur ajoutée*, soit le rapport entre la valeur ajoutée et le chiffre d'affaires (44 %), place Prior dans la moyenne des entreprises de son secteur (cf. INSEE, 2022b).

L'explication de la différence entre ce taux de valeur ajoutée, dans la moyenne du secteur, et le faible taux de marge brute (examiné au paragraphe a), semble résider dans le montant des charges de personnel (salaires et traitements, charges sociales, frais de personnel extérieur), soit un total de 47 116 euros, représentant 82,6 % de la valeur ajoutée. Nous rappelons en effet que l'EBE s'obtient en déduisant de la valeur ajoutée le poste « Impôts, taxes et versements assimilés » ainsi que les charges de personnel.

En ce qui concerne les ratios basés sur le chiffre d'affaires global, autres que le taux de marge brute, la situation est la suivante :

Taux de marge opérationnelle : le résultat d'exploitation de Prior représente 3,32 % du chiffre d'affaires.

Taux d'excédent brut global : nous rappelons que l'excédent brut global est la somme des résultats courant et exceptionnel. Il est rapporté au chiffre d'affaires.

Chez Prior, l'excédent brut global (4 207) s'établit à 3,26 % du chiffre d'affaires, ce qui est très faible. En 2021, ce taux n'est inférieur à 3,3 % que dans 25 % des entreprises du secteur (BdF, 2022b).

Taux de marge bénéficiaire : c'est le résultat net rapporté au chiffre d'affaires. Prior enregistre une marge bénéficiaire de 2,36 %.

Conclusion sur ces autres ratios : la faiblesse des ratios de marge basés sur le chiffre d'affaires global, autres que le taux de marge brute, ne s'explique pas par les amortissements élevés (4 316), mais par la faiblesse de l'EBE, due à d'importantes charges de personnel, qu'ils subissent par répercussion. À titre d'exemple, sans les amortissements, l'excédent brut global passerait à 6,6 % du chiffre d'affaires, ce qui reste faible et maintiendrait Prior dans la seconde moitié des entreprises de son secteur, où, en 2021, 50 % des entreprises enregistraient un taux inférieur à 9,3 % (BdF, 2022b précité).

En conclusion des ratios de marge : Prior présente une faible rentabilité tant au regard des ratios considérés comme les plus significatifs (taux de marque, taux de marge industrielle sur la production et taux de marge brute) que du taux d'excédent brut global.

3. L'entreprise est-elle solvable ?

Deux ratios, la capacité d'endettement de l'entreprise et le ratio de désendettement apportent une réponse rassurante (paragraphe a), mais nous verrons que celle-ci est contredite par le ratio de couverture du service de la dette, ou « grand équilibre », et par le taux d'intérêt élevé que supporte la société (paragraphe b).

a) Un endettement global conforme

Capacité d'endettement de l'entreprise : les capitaux propres de Prior représentent 109 % de ses dettes financières nettes, à court ou long terme (14 688). La norme est que ce pourcentage soit compris entre 100 % et 160 %. Prior se situe donc dans la norme, mais est proche de sa limite basse, ce qui réduit le montant de l'endettement supplémentaire qu'elle pourrait contracter.

Ratio de désendettement (ou capacité de remboursement des dettes) : ce ratio compare les dettes financières nettes à l'EBE. Il vise à déterminer combien d'années seraient nécessaires pour rembourser les dettes financières nettes si la société y consacrait tout son EBE. La norme est de ne pas dépasser trois ans. Chez Prior, ce ratio est de 1,7 années (ou 21 mois).

Néanmoins ce ratio ne tient pas compte des échéances. Il convient de comparer l'EBE au montant de l'endettement à court terme, ce qui est l'objet du paragraphe ci-après.

b) Un endettement à court terme excessif

Couverture du service de la dette (ou « grand équilibre ») : l'endettement net à moins d'un an de Prior (9 467) et ses frais financiers (495), soit un total de 9 962, représentent 116 % de son EBE. Du fait de cette situation extrêmement tendue, la société n'a pas d'autre solution que d'augmenter ses capitaux propres.

Coût apparent de l'endettement : Prior supporte une charge d'intérêts de 495 pour un endettement brut total de 5 221 + 9 720, soit 14 941. Le coût apparent de son endettement est de 3,31 %, ce qui est élevé. En 2021, seules 25 % des entreprises du secteur avaient un coût apparent de l'endettement supérieur à 2,5 % (BdF, 2022b).

Le coût apparent de l'endettement de Prior se situant au même niveau que sa marge opérationnelle (3,32 %), cette société ne bénéficie d'aucun effet de levier financier.

4. L'entreprise a-t-elle la capacité d'attirer de nouveaux investisseurs ?

Prior rencontre des problèmes opérationnels, notamment une croissance de son chiffre d'affaires inférieure à celle de son marché, un gonflement de son BFR et, en dehors d'un taux de valeur ajoutée dans la moyenne de son secteur, une rentabilité faible à tous les stades de son exploitation.

Dans l'immédiat, cette société est confrontée à un endettement excessif à court terme, supérieur à sa capacité de remboursement. Un nouvel apport en fonds propres s'avère indispensable. Que les nouveaux financements soient recherchés auprès de ses actionnaires actuels ou de nouveaux investisseurs, ceux-ci devront se convaincre que l'entreprise présente des perspectives de performance, de solvabilité (une fois le nouvel apport de fonds effectué) et de rentabilité.

L'opportunité d'un investissement s'apprécie au moyen du ratio de rentabilité financière (ou *Return On Equity*, ROE), qui mesure le rapport entre le résultat net et les fonds propres. Chez Prior, le ROE s'élève à 19 % au titre de l'année N. Pour obtenir de nouveaux fonds propres, la société doit offrir des perspectives de ROE supérieures au taux de rentabilité minimal exigé par les investisseurs en fonction du risque qu'ils supportent.

Bibliographie et webographie

ANC (2014). Autorité des Normes Comptables - *Règlement ANC n° 2014-03 du 5 juin 2014 relatif au Plan comptable général, version consolidée au 1er janvier 2023*

ANC (2022). *Règlement n° 2022-06 du 4 novembre 2022 modifiant le règlement ANC n° 2014-03 relatif au Plan comptable général - en cours d'homologation - version avec commentaires infra-réglementaires*

ANC (2023). *Entreprises industrielles et commerciales – Recueil des normes comptables françaises – comptes annuels – version en vigueur au 1er janvier 2023*

BdF (2017). Banque de France - *Méthode – « les fascicules sectoriels »* 13/02/2017

BdF (2021). *Les prêts participatifs – Référentiel des financements des entreprises – Fiche 411* - 15 mars 2021

BdF (2022a). *La situation des entreprises en France en 2021 – Méthodologie –* novembre 2022

BdF (2022b). *Fascicules d'indicateurs sectoriels – Industries manufacturières – Fabrication de produits informatiques électroniques et optiques – Année 2021* - 22/12/2022

BOFIP (2012a). Bulletin Officiel des Finances Publiques - Impôts - *BIC - Provisions pour risques et charges - Provisions pour charges – Provisions pour travaux* – 12 septembre 2012

BOFIP (2012b). *BIC - Provisions pour charges de personnel autres que les congés payés* – 3 décembre 2012

BOFIP (2013). *IS - Base d'imposition - Réserve spéciale des plus-values à long terme* – 11 mars 2013

BOFIP (2014). *BIC - Provisions pour risques - Provisions pour pertes de change, provision pour risque afférent à un engagement de caution, provisions de propre assureur* – 16/04/2014

BOFIP (2017). *BIC - Amortissements - Régime des amortissements exceptionnels* – 1er mars 2017

BOFIP (2019a). *IS - Fusions et opérations assimilées - Notion de fusion rapide* – 9 janvier 2019

BOFIP (2019b). *SJ- Mesures fiscales soumises à agrément préalable - Transfert à la société absorbante ou bénéficiaire des déficits propres de la société absorbée ou apporteuse (CGI, art. 209, II)* – 13 février 2019

BOFIP (2022). *BIC - Provisions pour dépréciation des immobilisations - Conditions d'admission* – 8 juin 2022

Conso, P., & Hémici, F. (2005). *Gestion financière de l'entreprise* – 11ème édition – 14 mars 2005 – Dunod

Cottier, J-N. (2022). *L'investissement en immobilier d'entreprise – Un métier – Revenus locatifs directs et produits de placement* – novembre 2022 – L'Harmattan – collection Villes et entreprises

Douhane, A., & Rocchi, J-M. (1995). *Déchiffrer et analyser les comptes de l'entreprise* – Lamy / Les Échos

impots.gouv.fr (2023). Notice pour remplir la liasse BIC/IS - Régime RN (tableaux n° 2050-SD à 2059-G-SD)

INSEE (2021). *Les entreprises en France – taux de marge* – INSEE Références – Edition 2021 – 1er décembre 2021

INSEE (2022a). *Ratios des secteurs marchands par activité – Données annuelles 2020* – 3 octobre 2022

INSEE (2022b). *Ratios de l'industrie par activité – Données annuelles 2020 – Chiffres-clés* – 3 octobre 2022

Kremp, E., & Sklénard, G. (2019). *Productivité du travail et du capital : une mesure renouvelée au niveau de l'entreprise* – INSEE Références, édition 2019 - Éclairage

La Bruslerie, H. de (2014). *Analyse Financière – Information financière, évaluation, diagnostic* – 5ème édition – Dunod, 2014

Morvan, M-J., Dos Santos, M., & département « Publications et Consultations » de PwC (2023). *Mémento pratique comptable 23* - Editions Francis Lefebvre – 1er septembre 2022

Quiry, P., & Le Fur, Y. (2022). *Pierre Vernimmen – Finance d'entreprise – 2022* – Dalloz

Index

Structures éditoriales du groupe L'Harmattan

L'Harmattan Italie
Via degli Artisti, 15
10124 Torino
harmattan.italia@gmail.com

L'Harmattan Hongrie
Kossuth l. u. 14-16.
1053 Budapest
harmattan@harmattan.hu

L'Harmattan Sénégal
10 VDN en face Mermoz
BP 45034 Dakar-Fann
senharmattan@gmail.com

L'Harmattan Cameroun
TSINGA/FECAFOOT
BP 11486 Yaoundé
inkoukam@gmail.com

L'Harmattan Burkina Faso
Achille Somé – tengnule@hotmail.fr

L'Harmattan Guinée
Almamya, rue KA 028 OKB Agency
BP 3470 Conakry
harmattanguinee@yahoo.fr

L'Harmattan RDC
185, avenue Nyangwe
Commune de Lingwala – Kinshasa
matangilamusadila@yahoo.fr

L'Harmattan Congo
219, avenue Nelson Mandela
BP 2874 Brazzaville
harmattan.congo@yahoo.fr

L'Harmattan Mali
ACI 2000 - Immeuble Mgr Jean Marie Cisse
Bureau 10
BP 145 Bamako-Mali
mali@harmattan.fr

L'Harmattan Togo
Djidjole – Lomé
Maison Amela
face EPP BATOME
ddamela@aol.com

L'Harmattan Côte d'Ivoire
Résidence Karl – Cité des Arts
Abidjan-Cocody
03 BP 1588 Abidjan
espace_harmattan.ci@hotmail.fr

Nos librairies en France

Librairie internationale
16, rue des Écoles
75005 Paris
librairie.internationale@harmattan.fr
01 40 46 79 11
www.librairieharmattan.com

Librairie des savoirs
21, rue des Écoles
75005 Paris
librairie.sh@harmattan.fr
01 46 34 13 71
www.librairieharmattansh.com

Librairie Le Lucernaire
53, rue Notre-Dame-des-Champs
75006 Paris
librairie@lucernaire.fr
01 42 22 67 13

www.ingramcontent.com/pod-product-compliance
Lightning Source LLC
LaVergne TN
LVHW021213061026
849535LV00008B/2713
9782336427904